SUPERA LA PREOCUPACIÓN Y LA ANSIEDAD

SUPERA LA PREOCUPACIÓN Y LA ANSIEDAD

EL SECRETO PARA DOMINAR TU MENTE

DANIEL G. AMEN
AUTOR BESTSELLER #1 DEL *NEW YORK TIMES*

REM*life*

Descuentos y ediciones especiales

Los títulos de Reverté Management (REM) se pueden conseguir con importantes descuentos cuando se compran en grandes cantidades para regalos de empresas y promociones de ventas. También se pueden hacer ediciones especiales con logotipos corporativos, cubiertas personalizadas o con fajas y sobrecubiertas añadidas.

Para obtener más detalles e información sobre descuentos tanto en formato impreso como electrónico, póngase en contacto con revertemanagement@reverte.com o llame al teléfono (+34) 93 419 33 36.

Supera la preocupación y la ansiedad: el secreto para dominar tu mente

Originally published in English in the U.S.A. under the title:
Conquer Worry and Anxiety, by Daniel G. Amen, MD
Copyright © 2020 by Daniel G. Amen, MD
Spanish edition © 2025 by Editorial Reverté S.A. (imprint REM) with permission of Tyndale House Publishers. All rights reserved.

© Editorial Reverté, S. A., 2025
Loreto 13-15, Local B. 08029 Barcelona – España
revertemanagement.com

Fecha de publicación: junio 2025

Edición en papel
ISBN: 978-84-10121-26-3

Edición ebook
ISBN: 978-84-291-9889-8 (ePub)
ISBN: 978-84-291-9890-4 (PDF)

Editores: Ariela Rodríguez/Ramón Reverté
Coordinación editorial y maquetación: Patricia Reverté
Traducción: Genís Monrabà Bueno
Revisión de textos: M.ª del Carmen García Fernández

Estimado lector, con la compra de ediciones autorizadas de este libro estás promoviendo la creatividad y favoreciendo el desarrollo cultural, la diversidad de ideas y la difusión del conocimiento. Al no reproducir, escanear ni distribuir ninguna parte de esta obra por ningún medio sin permiso estás respetando la protección del copyright y actuando como salvaguarda de las creaciones literarias y artísticas, así como de sus autores, permitiendo que Reverté Management continúe publicando libros para todos los lectores. En el caso que necesites fotocopiar o escanear algún fragmento de este libro, dirígete a CEDRO (Centro Español de Derechos Reprográficos, http://www.cedro.or). Gracias por tu colaboración.

Impreso en España – *Printed in Spain*
Depósito legal: B 10172-2025
Impresión y encuadernación: Liberdúplex
Barcelona – España

#140

ADVERTENCIA MÉDICA

La información que se presenta en este libro es el resultado de años de experiencia práctica e investigación clínica por parte de los autores. La información en este libro es, por necesidad, de una naturaleza general y no un sustituto para la evaluación o el tratamiento por un especialista médico o psicológico competente. Si usted cree que necesita intervención médica o psicológica, por favor consulte a un profesional médico lo antes posible. Los casos en este libro son verdaderos. Los nombres y las circunstancias de muchos individuos se han cambiado para proteger la anonimidad de los pacientes.

Contenidos

Introducción *1*

Capítulo 1 Cuando la vida está patas arriba *5*
Capítulo 2 Cómo sentirte feliz y estar presente *41*
Capítulo 3 Aprende a ver el vaso medio lleno *67*
Capítulo 4 El secreto *85*

Apéndice A Pedir ayuda profesional *113*
Apéndice B 20 pequeños hábitos que pueden ayudarte a sentirte mejor con rapidez *121*
Apéndice C 25 formas simples y efectivas para superar la ansiedad y las preocupaciones *125*
Apéndice D Nutracéuticos que ayudan a aliviar las preocupaciones y la ansiedad *131*
Apéndice E Versículos de la Biblia para mitigar la ansiedad o las preocupaciones *143*

Notas *149*
Sobre el doctor Daniel G. Amen *175*

Introducción

*No se preocupen por nada; en cambio, oren por todo.
Díganle a Dios lo que necesitan y denle gracias por todo lo que
él ha hecho. Así experimentarán la paz de Dios, que supera
todo lo que podemos entender. La paz de Dios cuidará su corazón
y su mente mientras vivan en Cristo Jesús.*

FILIPENSES, 4:6-7

SI ERES COMO YO, CUANDO SUFRES angustia o ansiedad querrás sentirte mejor al instante, sin demora, de inmediato. Pero muchas personas, incluidos los profesionales de la salud mental, opinan que cualquier terapia exige tiempo, esfuerzo y dolor. Creen que empezar a medicarte para tratar la ansiedad o la depresión supone un compromiso para toda la vida. Y es cierto que algunas personas necesitan más tiempo, pero, según mi experiencia, muchas otras muestran una gran mejoría en cuanto adoptan las conductas y estrategias correctas, y eso incluye saber cómo mejorar su cerebro.

Piénsalo bien: te sientes mal de inmediato si te obsesionas con el peor escenario, pasas tiempo con personas tóxicas o saboteas tus sentidos con ruidos, olores y visiones desagradables. Por eso también es posible sentirse bien al instante con simples ejercicios como practicar la gratitud, dominar los pensamientos negativos y emplear otras técnicas que te mostraré en este libro.

La realidad es que habitamos en una sociedad que carece de paciencia. Cuando la gente busca ayuda por problemas de salud mental, lo más habitual es asistir solo a una sesión de terapia. Algunas personas encuentran alivio al desahogarse y aprender estrategias simples, mientras que otras llegan a la conclusión de que la terapia no sirve para nada. Incluso quienes deciden continuar con el tratamiento suelen asistir, por término medio, a solo seis o siete sesiones, con independencia de la orientación teórica de su terapeuta.[1]

Casi todo el mundo quiere sentirse bien con rapidez, y las investigaciones apuntan a que es posible. Desde la década de los ochenta, los resultados de numerosos estudios han demostrado la importancia de las terapias de sesión única (TSU). Por ejemplo, en uno de ellos, una única sesión de hipnosis disminuyó de forma notable los síntomas de ansiedad y depresión de un paciente tras una intervención cardíaca.[2] En otro, investigadores australianos descubrieron que el 60 % de los niños y adolescentes con problemas mentales mostraban una gran mejoría después de una TSU llevada a cabo 18 meses antes.[3]

Ayudar a la gente a modificar su conducta y sus sentimientos, y mejorar su vida ha sido mi pasión como psiquiatra en las últimas cuatro décadas. Las Clínicas Amen han colaborado con el profesor B. J. Fogg (director del Persuasive Tech Lab de la Universidad de Stanford) y su hermana, Linda Fogg-Phillips, para ayudar a sus pacientes a modificar sus hábitos de manera efectiva. Según los resultados de sus estudios, solo tres factores pueden generar un cambio de comportamiento sostenible:

1. Una revelación.
2. Un cambio de entorno (es decir, de lo que te rodea y las personas con las que interactúas).
3. Dar pequeños pasos.[4]

Una vez tuve una especie de revelación tras leer un estudio de mi amigo el doctor Cyrus Raji[5] sobre lo que yo llamo el «síndrome del dinosaurio»: a medida que aumenta tu peso, el tamaño y el rendimiento de tu cerebro disminuyen. Así, con un cuerpo grande y un cerebro pequeño, el riesgo de «extinción» es mucho mayor. Esa idea me permitió reunir la fuerza de voluntad suficiente para perder 10 kilos. Pero no necesitas una revelación para cambiar tu comportamiento. Tampoco hace falta llegar al extremo de sufrir ataques de pánico casi a diario o recibir un diagnóstico de cáncer para tomarte en serio tu salud. Si el fin es combatir la preocupación y la ansiedad, la mayoría de las personas pueden modificar su entorno (amigos, trabajo, comunidad) o cambiar a la gente de la que se rodean. Además, cualquiera puede adoptar pequeños hábitos que, con el tiempo, generarán resultados extraordinarios.

La motivación ayuda a abordar empresas difíciles. Pero aunque carezcas de motivación también es posible hacer ciertos cambios para encontrarte mejor. De hecho, los hermanos Fogg aconsejan empezar dando pequeños pasos, o lo que ellos llaman adoptar «hábitos mínimos».[6] Estos sencillos cambios refuerzan tu sensación de logro y capacidad, y con el tiempo pueden dar lugar a transformaciones más grandes.

Aquí tienes un hábito sencillo que puedes poner en práctica ahora mismo y que tendrá un impacto profundo y duradero: cada vez que debas tomar una decisión, pregúntate: «¿Esta elección beneficia o perjudica a mi cerebro?».

Si tomas decisiones que favorezcan la salud de tu cerebro (y en este libro descubrirás cómo hacerlo) estarás en el buen camino para vencer la preocupación y la ansiedad, y para vivir una vida más plena y saludable.

Daniel Amen

CAPÍTULO 1

CUANDO LA VIDA ESTÁ PATAS ARRIBA

Técnicas rápidas de relajación

Es en nuestros momentos más oscuros
cuando debemos concentrarnos para ver la luz.

ARISTÓTELES ONASSIS

ERAN LAS 6:30 DE LA MAÑANA en la ajetreada sala de emergencias del Centro Médico del Ejército Walter Reed, en Washington, D. C. Me estaba poniendo la bata blanca mientras cruzaba las puertas de la unidad. Era mi tercer día como interno y la sala de emergencias sería mi hogar el próximo mes. Al fondo del pasillo, una mujer gritaba. Intrigado, me dirigí hacia el origen del alboroto.

Beth, una paciente de cuarenta años, yacía en una camilla con la pierna derecha visiblemente hinchada. Sufría intensos dolores y gritaba cada vez que alguien le tocaba la pierna. Bruce, un interno de Psiquiatría recién llegado, como yo, y Wendy, la residente principal de Medicina

Interna, intentaban colocarle una vía intravenosa en el pie. Beth estaba ansiosa, aterrada, era poco colaborativa y respiraba de forma acelerada. Un coágulo de sangre en la pantorrilla le estaba provocando esa tremenda hinchazón. La vía intravenosa era esencial para que pudiera ser trasladada a Radiología, donde un escáner determinaría la ubicación exacta del coágulo, lo que permitiría a los cirujanos operar y extraerlo. Con cada intento de insertar la aguja en su pie inflamado, los gritos de Beth se volvían más agudos. La tensión era palpable.

—Wendy, ¿te importa si intento ponerle yo la vía? —le pregunté a mi colega con delicadeza.

Exasperada, me pasó el set de la vía. Rodeé la camilla hasta quedar frente a la cabeza de Beth, establecí contacto visual con ella y esbocé una sonrisa tranquila.

—Hola, Beth, soy el doctor Amen. Necesito que calmes tu respiración. Cuando respiras muy rápido los vasos sanguíneos se contraen, y eso hace imposible encontrar una vena. Venga, respira conmigo.

Empecé a respirar con lentitud.

—¿Te gustaría que te ayudara a relajarte? —añadí—. Conozco algunos trucos.

—De acuerdo —respondió Beth, nerviosa.

—Mira ese punto en el techo —dije, señalándolo—. Quiero que te concentres en él e ignores todo lo demás que hay en la habitación. Voy a contar hasta diez, y mientras lo hago quiero que dejes que los ojos se relajen. Concéntrate solo en ese punto y en el sonido de mi voz. Uno…, dos…, tres… Relaja los ojos. Cuatro…, cinco…, deja que los ojos se te cierren poco a poco. Seis…, siete…, ocho… Tienes los ojos tan cansados que quieren cerrarse. Nueve…, diez… Deja que se te cierren los ojos y mantenlos cerrados.

—Muy bien —asentí mientras Beth cerraba los ojos—. Ahora quiero que respires hondo y muy despacio, y que prestes atención solo al sonido de mi voz. Deja que todo tu cuerpo se relaje, desde la coronilla hasta la planta de los pies. Siente cómo tu cuerpo se vuelve cálido, pesado y muy relajado. Ahora quiero que olvides el hospital e imagines que estás en el parque más hermoso que puedas visualizar. Fíjate en el parque: la hierba, la colina, el calmado arroyo, los hermosos árboles. Escucha los sonidos del parque: el agua que fluye en el arroyo, el canto de los pájaros, la ligera brisa que agita las hojas de los árboles. Siente la frescura del aire, huélelo y saborea su pureza. Percibe las sensaciones del parque: la brisa suave en tu piel, el calor del sol.

Toda la tensión que había en la habitación se esfumó.

—Ahora quiero que imagines una hermosa fuente en el centro del parque —continué—. Está llena de agua cálida y curativa. Siéntate en el borde de la fuente y mete los pies. Siente el agua cálida envolviéndote los pies. Lo estás haciendo muy bien.

Beth había entrado en un trance profundo. Seguí hablando.

—Sé que esto puede sonar raro, pero muchas personas logran que sus vasos sanguíneos sobresalgan si dirigen su atención hacia ellos. Con los pies en el agua, permite que tus vasos sanguíneos se hinchen para que pueda colocarte una vía intravenosa y recibas la ayuda que necesitas, todo mientras mantienes la mente en el parque y sigues sintiéndote muy relajada.

Para mi sorpresa, en el momento en que hice la sugerencia, una vena apareció con claridad en el pie hinchado de Beth. Con delicadeza, inserté la aguja en la vena y la conecté a la bolsa de suero intravenoso.

—Beth —murmuré—, puedes seguir en este estado de relajación profunda todo el tiempo que necesites. Regresa al parque en cualquier momento que lo desees.

En ese mismo estado, logramos trasladar a una Beth ahora tranquila y relajada al área de Radiología.

Cuando tu cerebro funciona bien, tú también lo haces

Casi todo el mundo ha experimentado ansiedad en algún momento de su vida, y es normal. Sin embargo, la forma en que respondemos a esas situaciones difíciles puede marcar una diferencia significativa en nuestra salud y bienestar general.

Por desgracia, muchas personas recurren a la «automedicación» con alcohol y drogas, comen en exceso o pierden el tiempo en las redes sociales. Aunque estas conductas pueden proporcionar un alivio temporal, en general solo prolongan y, en muchos casos, agravan los problemas.

Como psiquiatra, especialista en escáneres cerebrales y fundador de las Clínicas Amen, cuento con una de las tasas de éxito más altas publicadas en el tratamiento de personas con problemas de salud mental complejos y resistentes al tratamiento, y puedo asegurarte que el secreto para superar la ansiedad, tanto ahora como en el futuro, radica en trabajar para optimizar el funcionamiento físico de tu cerebro.

¿Por qué? Porque, hablando en plata, cuando tu cerebro funciona de manera adecuada, tú también lo haces, en todos los aspectos de tu vida. A medida que tu cerebro se vuelve más saludable, tu capacidad para afrontar el estrés y los problemas y desafíos cotidianos aumenta de forma exponencial, lo que reduce los episodios de ansiedad y mejora tu salud física, mental y espiritual en general.

El secreto para superar la ansiedad, tanto ahora como en el futuro, radica en trabajar para optimizar el funcionamiento físico de tu cerebro.

Más adelante compartiré contigo algunas estrategias que te ayudarán a cuidar mejor tu cerebro a largo plazo (en el capítulo 4), pero primero quiero enseñarte algunas técnicas (como las que utilicé con Beth) para que seas capaz de calmarte en medio de un ataque de ansiedad o cualquier otra crisis emocional o física.

Comencemos analizando más a fondo cómo funcionan tu cerebro y tu cuerpo en una crisis. En psiquiatría, a esto lo llamamos «respuesta de lucha o huida».

La respuesta de lucha o huida

La respuesta de lucha o huida está programada en nuestro cuerpo para ayudarnos a sobrevivir. Se activa cada vez que aparece una situación estresante, como la que le ocurrió a Beth en la sala de emergencias. Walter Cannon, profesor de Fisiología de Harvard, fue quien describió por primera vez esta respuesta en 1915. Cannon explicó que se trata de la reacción del cuerpo ante un estrés agudo, una situación peligrosa o una amenaza para la supervivencia, como sufrir un terremoto o que te asalten a punta de pistola.

El estrés agudo activa el sistema nervioso simpático, que se encarga de prepararte tanto para luchar como para huir en una situación peligrosa. La amígdala, una estructura con forma de almendra ubicada en los lóbulos temporales y que forma parte del sistema límbico, es la responsable de activar la respuesta de lucha o huida. Cuando te estresas, la amígdala manda una señal al hipotálamo y a la glándula pituitaria para secretar la hormona adrenocorticotrópica (ACTH). Esta, a su vez, indica a las glándulas suprarrenales —ubicadas, como su propio nombre indica, sobre los riñones— que inunden el cuerpo de cortisol, adrenalina y otras sustancias para impulsarte a la acción.

El gráfico de las páginas 14 y 15 ilustra qué ocurre en el cuerpo cuando tiene lugar esta reacción.

La respuesta de lucha o huida forma parte de un gran sistema del organismo humano llamado sistema nervioso autónomo (SNA). Debe su nombre al hecho de que funciona sobre todo de forma «autónoma», inconsciente, fuera de nuestro control, a menos que lo entrenemos para que eso sea diferente (hablaremos sobre esto más adelante). Consta de dos ramas que se equilibran entre sí: el sistema nervioso simpático y el parasimpático. Ambos regulan la frecuencia cardíaca, la digestión, la respiración, la respuesta de las pupilas, la tensión muscular, la micción y la excitación sexual. El sistema nervioso simpático (SNS) desempeña un papel determinante para activar la respuesta de lucha o huida, mientras que el sistema nervioso parasimpático (SNPS) es el que echa una mano para calmar y devolver a la normalidad al cuerpo.

Nuestra entera supervivencia depende de la respuesta de lucha o huida, porque nos empuja a pasar a la acción cuando se presenta una amenaza. Sin embargo, cuando el estrés se prolonga en el tiempo, como cuando vives en zona de guerra, te crías en una familia desestructurada, sufres algún tipo de abuso sexual constante o te levantas cada mañana con ataques de pánico, tu sistema nervioso simpático se vuelve hiperactivo. En estos casos es más probable que padezcas ansiedad, depresión, ataques de pánico, dolores de cabeza, manos y pies fríos, problemas respiratorios, altos niveles de azúcar en sangre, problemas digestivos o inmunológicos, y falta de atención o concentración.

En su revolucionario libro *¿Por qué las cebras no tienen úlceras?*, el biólogo de la Universidad de Stanford Robert Sapolsky señala que, para animales como las cebras, el estrés supone un episodio esporádico (se genera, por ejemplo, cuando tienen que escapar de las garras de un león) y su sistema ha evolucionado para recuperarse con rapidez. En cambio, para los seres humanos el estrés a menudo se vuelve crónico (porque, por ejemplo, vivimos atascos a diario, problemas matrimoniales o dificultades económicas). Por eso Sapolsky sostiene que muchos animales son menos susceptibles que los humanos a los problemas crónicos relacionados con el estrés, como las úlceras, la hipertensión, la depresión y las dificultades de memoria.[1] Aun así, también advierte que el estrés crónico se manifiesta en algunos primates (por ejemplo, los babuinos), en especial en los individuos que están en las posiciones más bajas de la jerarquía de dominancia social.

En los seres humanos, un único episodio de estrés intenso (como sufrir un atraco o una agresión, o verte en medio de un incendio), o bien múltiples episodios de estrés de menor intensidad (como discutir de manera frecuente con tu pareja o tus hijos) pueden activar un estado crónico de lucha o huida en el cuerpo, lo que genera estrés mental y problemas de salud física.

Pero si pones en marcha las siguientes estrategias puedes aprender a calmar tu sistema nervioso simpático y activar el parasimpático, que te ayudará a recuperar la tranquilidad, animarte y reducir el estrés.

LA RESPUESTA DE LUCHA O HUIDA

Amenaza: una agresión, un accidente o cualquier amenaza para la supervivencia.

Cerebro: procesa las señales, primero en la amígdala y luego en el hipotálamo.

ACTH: la glándula pituitaria segrega la hormona adrenocorticotrópica.

Se libera cortisol | Se libera adrenalina

CUANDO LA VIDA ESTÁ PATAS ARRIBA || 15

EFECTOS FÍSICOS

El corazón late más rápido y fuerte.

La vejiga se relaja.

Las pupilas se dilatan para mejorar la visión en túnel, pero hay una pérdida de visión periférica.

Las erecciones se inhiben (hay otras cosas en las que pensar).

Las vías respiratorias se abren y la respiración se acelera.

La presión arterial sube.

La producción de lágrimas y saliva disminuye.

La digestión se ralentiza.

La capacidad auditiva disminuye.

Los músculos se tensan; pueden surgir temblores. Los músculos alrededor de los folículos pilosos se contraen, provocando piel de gallina.

Los vasos sanguíneos redirigen la sangre hacia brazos y piernas (para luchar o huir) y la alejan de manos y pies, que se enfrían.

Las venas que hay bajo la piel se contraen (manos y pies más fríos) para enviar más sangre a los grandes grupos musculares (con el mismo objetivo de luchar o huir), y así causan el «escalofrío» que se asocia a veces con el miedo.

El nivel de azúcar en la sangre aumenta para generar energía.

El cerebro tiene dificultades para concentrarse en tareas pequeñas; solo piensa en afrontar la amenaza.

El sistema inmunitario se «apaga».

Primera técnica: usa la hipnosis, la visualización guiada y la relajación muscular progresiva para lograr un estado de relajación profundo

Mucha gente asocia la hipnosis con la pérdida de control o, simplemente, con el truco barato de algún ilusionista. Sin embargo, en medicina se considera una disciplina que contribuye a revelar la capacidad del cerebro para sanar tanto enfermedades físicas como trastornos psiquiátricos.

«La hipnosis es la forma más antigua de psicoterapia de Occidente, pero ha sido estigmatizada por el exceso de relojes que se balancean ante los ojos y conejos sacados de una chistera», comentó el psiquiatra David Spiegel, hijo de un famoso hipnotista y vicepresidente del Departamento de Psiquiatría y Ciencias del Comportamiento de la Facultad de Medicina de la Universidad de Stanford. «De hecho, es una herramienta muy poderosa para transformar la manera en que usamos la mente para controlar la percepción y el cuerpo [...] El poder de la hipnosis para modificar de forma inmediata tu cerebro es real».[2]

El uso de la hipnosis, la visualización guiada o la relajación muscular progresiva activa el sistema nervioso parasimpático y contribuye a reducir con rapidez la respuesta de lucha o huida en una amplia variedad de situaciones, como ocurrió con Beth. Se ha comprobado que estas técnicas proporcionan numerosos beneficios, tales como la disminución de la ansiedad, la tristeza y el estrés en los padres de niños con cáncer;[3] el alivio del dolor y la fatiga en pacientes que reciben quimioterapia;[4] la reducción del estrés en personas con esclerosis múltiple;[5] la mejora de la ansiedad y la depresión;[6] la disminución de la frecuencia de migrañas[7] y dolores de cabeza tensionales;[8] la mitigación de los síntomas de abstinencia y deseo en quienes dejan de fumar;[9] la ansiedad posoperatoria de ictus (tras escuchar un audio de relajación muscular progresiva cinco veces a la semana),[10] y el llamado «dolor del miembro fantasma» en personas amputadas.[11] Además, estas prácticas pueden mejorar la calidad de vida de mayores[12] y pacientes en diálisis,[13] reducir la fatiga en la tercera edad y potenciar la función sexual en mujeres posmenopáusicas.[14]

Aprender hipnosis, visualización guiada y relajación muscular progresiva es fácil; existen numerosos audios online que pueden servirte. En nuestro sitio web, Brain Fit Life (www.mybrainfitlife.com), ponemos a tu disposición varios de ellos. Pero también puedes hacerlo por tu cuenta. A continuación, te presento las instrucciones que suelo dar a mis pacientes para ayudarles a alcanzar un estado profundo de relajación. Esta habilidad mejora con la práctica, por lo que es fundamental dedicar tiempo al ejercicio para dominarlo. Reserva dos momentos de quince minutos al día y sigue estos cinco pasos:

1. Siéntate en una silla cómoda, con los pies en el suelo y las manos en el regazo. Elige un punto en la pared opuesta, un poco por encima de tu nivel visual. Fija la vista en ese punto. Mientras lo haces, cuenta poco a poco hasta 20. Notarás que empiezas a sentir los párpados pesados, como si quisieran cerrarse. No ofrezcas resistencia. En realidad, aunque no sientas que tus párpados quieran cerrarse, hazlo poco a poco cuando llegues al 20.

2. Toma una respiración profunda, lo más profunda que puedas, y exhala de forma lenta. Repite esta respiración profunda y exhalación lenta tres veces. Con cada inspiración, imagina que estás inhalando paz y serenidad, y con cada exhalación, que expulsas toda la tensión, lo que te impide relajarte. En este momento notarás una sensación de calma que comienza a invadir tu cuerpo.

3. Aprieta los músculos de los párpados, cerrando los ojos lo más fuerte que puedas. Luego, con lentitud, permite que los músculos de los párpados se relajen. Imagina que esa relajación se extiende

de manera gradual, como un baño de agua caliente que se desliza por los músculos de los párpados hacia los del rostro, bajando por cuello, hombros, brazos, pecho y el resto del cuerpo. Los músculos seguirán la señal de los párpados y se relajarán de forma progresiva, hasta llegar a la planta de los pies.

4. Cuando toda la tensión haya desaparecido de tu cuerpo, imagina que estás en lo alto de una escalera mecánica. Da un paso, déjate llevar y desciende, contando hacia atrás desde el diez. Al llegar al final habrás caído en una profunda relajación.

5. Disfruta de la calma por unos instantes. Luego regresa a la escalera mecánica para ascender de nuevo. Cuenta hasta diez durante el proceso. Al finalizar la cuenta atrás, abre los ojos: notarás esa relajación, esa frescura, y estarás a punto para afrontar el día.

Para que recuerdes mejor los pasos memoriza estas palabras:

- **Concentración** (centra la atención en un punto fijo).
- **Respiración** (respira hondo).
- **Relajación** (relajación muscular progresiva).

- **Descenso** (baja por la escalera mecánica).
- **Ascenso** (sube por la escalera mecánica y abre los ojos).

Si tienes problemas para recordar todos los pasos, puedes grabarlos en audio y luego escucharlos mientras llevas a cabo el ejercicio.

No escatimes tiempo para este ejercicio. Muchas personas se relajan tanto que llegan a quedarse dormidas unos minutos. Si eso ocurre, ¡no hay problema! Es buena señal, significa que funciona.

Cuando hayas practicado esta técnica unas cuantas veces, incluye los siguientes pasos:

1. Elige un refugio, un lugar donde te sientas a gusto y que puedas proyectar con todos tus sentidos. Yo suelo «viajar» a la playa. Puedo ver el inmenso océano, sentir la cálida arena deslizándose entre mis dedos, percibir el sol y la brisa marina acariciándome la piel, aspirar el aroma salino del aire y saborearlo de forma sutil en la lengua. A mi alrededor resuenan las gaviotas, el rompeolas y las risas de los niños jugando. Pero tu refugio puede ser cualquier lugar, real o imaginario, donde anheles estar.

2. Desciende la escalera mecánica y, al llegar al final, sumérgete por completo en tu refugio. Activa todos los sentidos y quédate allí varios minutos. Aquí es donde comienza la magia y la mente se abre a la posibilidad de transformarse.

3. Imagínate no como eres ahora, sino como deseas ser. Dedica al menos 20 minutos al día a este ejercicio de renovación y cambio. Te sorprenderán los resultados.

Segunda técnica: domina la respiración diafragmática

En la anécdota que aparece en el primer capítulo intenté ayudar a Beth a regular su respiración y que le llegara más oxígeno al cerebro. Eso fue lo primero que hice. La respiración diafragmática es una técnica de *biofeedback* fundamental para ayudarte a recuperar la calma de manera instantánea. Es sencilla y, tras practicarla un poco, fácil de llevar a cabo en cualquier momento.

La respiración es esencial para la vida e indispensable para todo lo que haces. Permite llevar el oxígeno del exterior a los pulmones, donde es absorbido por el torrente sanguíneo y transportado a cada célula del cuerpo, asegurando así su correcto funcionamiento. Además, respirar te permite eliminar residuos del cuerpo, como el dióxido de carbono, cuya acumulación puede causar desorientación o ataques de pánico. Las neuronas son, en particular, dependientes del oxígeno: si se ven privadas de él durante cuatro minutos empiezan a morir. Además, solo leves variaciones en el nivel de oxígeno en el cerebro pueden influir en tu estado de ánimo y comportamiento.

ANATOMÍA DE LA RESPIRACIÓN

INHALACIÓN

Entrada de oxígeno

Pulmones

Diafragma

El diafragma se contrae hacia abajo y permite que los pulmones se llenen de oxígeno.

EXHALACIÓN

Expulsión de dióxido de carbono

El diafragma se contrae hacia arriba y ayuda a los pulmones a expulsar el dióxido de carbono.

El diafragma (músculo con forma de bóveda) separa la cavidad torácica del abdomen. Muchas personas no lo contraen al inhalar, lo que limita su capacidad pulmonar y las obliga a respirar con un mayor esfuerzo. Sin embargo, al expandir el abdomen cuando se inhala el diafragma se aplana, optimizando la entrada de aire, ampliando la capacidad pulmonar y provocando una profunda sensación de calma en todo el cuerpo.

Cuando una persona está ansiosa o alterada, su respiración se vuelve superficial y se acelera (consulta la «Anatomía de la respiración» en la página 22). Esto provoca que el oxígeno en sangre disminuya al tiempo que se acumula el dióxido de carbono. En consecuencia, el equilibrio entre oxígeno y dióxido de carbono se altera y puede generar irritabilidad, impulsividad, confusión y toma de decisiones equivocadas.

Aprender a controlar y dirigir la propia respiración da lugar a múltiples beneficios, que además son inmediatos: relaja la actividad de la amígdala (la parte «emocional» del cerebro), contrarresta la respuesta de lucha o huida, alivia la tensión muscular, calienta las manos y regula el ritmo cardíaco. Suelo enseñar a mis pacientes a dominar la técnica de respirar con el abdomen, profunda y lentamente. Si observas a los bebés o a los cachorros, notarás que casi siempre respiran con el abdomen, que es la forma más eficaz y natural de hacerlo.

Si expandes el abdomen al inhalar, el diafragma tirará de los pulmones hacia abajo y aumentará la cantidad de aire disponible para ellos y el resto del cuerpo. Luego, contrayendo el abdomen al exhalar, el diafragma empujará el aire fuera de los pulmones y permitirá una exhalación más completa, lo que a su vez posibilita una respiración más profunda. En las sesiones de *biofeedback*, los pacientes aprenden a respirar utilizando el abdomen mientras observan su patrón respiratorio en la pantalla del ordenador. En apenas 20 o 30 minutos, la mayoría logra modificar su patrón de respiración, se relaja y, como resultado, estos individuos logran un mayor control sobre su estado emocional.

LA RESPIRACIÓN EN EPISODIOS DE IRA

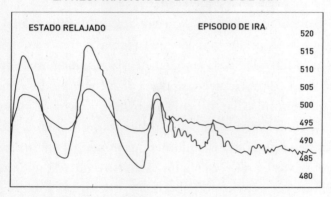

La onda más grande representa la medición de la respiración abdominal, registrada mediante un extensiómetro colocado alrededor del abdomen; la onda más pequeña refleja la respiración torácica, cuya medida ha sido obtenida con un extensiómetro colocado en la parte superior del pecho. En reposo, una persona respira sobre todo con el abdomen (lo cual es un patrón saludable), pero al pensar en una situación que le genera ira su patrón respiratorio se deteriora, lo que reduce de forma notable la cantidad de oxígeno que le llega al cerebro (un fenómeno común durante los arrebatos de ira). ¡Por eso no sorprende que quienes sufren explosiones de ira suelan parecer irracionales!

Se ha demostrado que la respiración diafragmática controlada mejora la concentración y disminuye la ansiedad, el estrés, los sentimientos negativos y los niveles de cortisol.[15] También reduce la depresión,[16] el asma[17] y la obesidad infantil,[18] alivia el dolor,[19] baja la presión arterial,[20] combate el mareo por movimiento[21] y disminuye la frecuencia de las convulsiones.[22] Además, contribuye a mejorar la calidad de vida en pacientes con insuficiencia cardíaca.[23]

Técnicas de respiración para que logres calmarte con rapidez

Técnica de respiración #1: ya que poca gente tiene acceso a equipos avanzados de *biofeedback*, estas simples técnicas pueden ser útiles y efectivas para todo el mundo. Prueba el siguiente ejercicio: túmbate de espaldas y colócate un libro pequeño en el abdomen. Al inhalar, expande el abdomen para que el libro suba; al exhalar, contráelo, lo que hará que el libro baje. Al redirigir la energía de la respiración hacia la parte baja del cuerpo, del pecho al abdomen, sentirás una mayor relajación y recuperarás el autocontrol casi de inmediato. Practica este ejercicio cinco minutos al día hasta que se vuelva natural. Puedes emplear esta técnica para mejorar tu concentración y manejar mejor tu temperamento. Es fácil de aprender y también te ayudará a aumentar la calidad del sueño y a rebajar la ansiedad.

Técnica de respiración #2: siempre que sientas ansiedad, ira o tensión, respira hondo uno o dos segundos y luego expulsa el aire poco a poco, durante unos cinco segundos. Después, toma otra bocanada de aire, lo más profunda posible, mantenla durante uno o dos segundos y exhala con lentitud otra vez. Repite este proceso unas diez veces. Es probable que comiences a sentir una extrema relajación o incluso cierta somnolencia. He utilizado esta técnica a lo largo de 30 años, siempre que estoy ansioso o estresado, o cuando me cuesta conciliar el sueño. Aunque parece muy simple, la respiración es esencial para la vida. Cuando la ralentizamos y la volvemos más eficiente, todo parece mejorar.

Tercera técnica: conviértete en experto en calentar tus manos con la mente

Imaginar calor, especialmente en las manos, es otra técnica que te permitirá contrarrestar la respuesta de lucha o huida. He comprobado que enseñar a mis pacientes a calentarse las manos con la mente puede calmarles cuerpo y mente de manera tan eficaz como la medicación. Esto es así porque elevar la temperatura en las manos provoca una respuesta inmediata de relajación. Y lo sabemos porque los instrumentos de *biofeedback* nos permiten medir esa temperatura y enseñar a la gente cómo calentarse las manos. Es curioso, pero a los niños se les da mejor esto que a los adultos, ya que tienen más facilidad para convencerse de que ejercen control sobre su cuerpo, mientras que los adultos somos más suspicaces al respecto.

Cuando mi hija Breanne tenía ocho años, era capaz de aumentar la temperatura de sus manos a su antojo. Era tan hábil que me la llevé a una conferencia sobre *biofeedback* que impartí en un hospital del norte de California. Frente a 30 doctores, la animé a demostrar su asombrosa habilidad. Sin embargo, durante los primeros tres minutos sus manos no hicieron más que enfriarse por la ansiedad que le provocaba la presión del momento. En esos escasos minutos experimenté cierto terror pensando que era un mal padre, dedicándome a explotar a mi hija para destacar ante mis colegas. Entonces le susurré al oído que cerrara los ojos, respirase hondo e imaginara sus manos enterradas en la cálida arena de la playa (esa era la imagen que más le ayudaba). En los siguientes siete minutos sus manos recuperaron temperatura y se acabaron calentando. Los médicos presentes quedaron maravillados, ella se sintió muy orgullosa de sí misma… y yo bastante aliviado por no haberle causado un daño irreversible.

Pero tal vez te estés preguntando cómo puedes calentarte las manos con la mente. Eres capaz de hacerlo con la respiración diafragmática y la visualización guiada que te resulte más efectiva. Hay gente, como mi hija Breanne, que se visualiza enterrando las manos en la cálida arena de una playa. Otros prefieren pensar que tienen la mano agarrada por su pareja o que le acarician la piel. Hay quienes incluso se visualizan acariciando a sus mascotas.

Pruébalo ahora mismo. Tómate un tiempo para concentrarte en tus propias manos, para sentir su energía y temperatura. Ahora cierra los ojos, extiéndelas con las palmas hacia abajo e imagina una hoguera de campamento frente a ti. Concéntrate; piensa en el calor, en el crepitar de las llamas, en el olor a madera quemada. Fíjate en las pavesas que flotan en el aire. Ahora siente el reconfortante calor que te penetra en la piel y se extiende en profundidad, calentándote las manos. Visualiza esto mientras respiras hondo y cuentas poco a poco hasta 20.

¿Has notado como aumenta la temperatura? ¿Te has relajado? ¿Has estirado las manos como si de verdad hubiera un fuego frente a ti? Practica esta técnica unos minutos cada día y, con el tiempo, serás capaz de controlar la respuesta de relajación de manera más rápida y efectiva. Busca las imágenes que mejor te funcionen para subir la temperatura de las manos. Con esta técnica lograrás reajustar tu sistema nervioso para relajarte y contrarrestar la respuesta al estrés. Puedes adquirir sensores de temperatura online (por ejemplo, Biodots, Stress Cards y Stress Sheets) para medir tu progreso.

Trece imágenes para elevar la temperatura de las manos

1. Sostener la mano cálida de alguien o tocarle la piel.
2. Imaginar, con gran detalle, a alguien a quien aprecias.
3. Enterrar las manos en la cálida arena de una playa.
4. Disfrutar de un baño o ducha caliente.
5. Relajarte en una sauna.
6. Abrazar a un bebé.
7. Acurrucarte con un cachorro o un gatito suave y cálido.
8. Sostener una taza de té caliente o de cacao sin azúcar.
9. Colocar las manos frente a un fuego.
10. Usar guantes térmicos.
11. Envolverte con una toalla caliente.
12. Recibir un masaje con aceite caliente.
13. Sostener una papa caliente llevando guantes cálidos.

Cuarta técnica: reza o medita (puedes practicar la «Meditación de bondad amorosa»)

Centrarse en la respiración, visualizar un bello paisaje o meditar apenas cinco minutos al día es una forma simple y poderosa para reducir la ansiedad y mejorar el estado de ánimo. Está demostrado que la meditación o el rezo

> *Está demostrado que la meditación o el rezo reducen el estrés, mejoran la concentración, el ánimo y la memoria, y además activan las funciones de la corteza prefrontal, para que puedas tomar mejores decisiones.*

reducen el estrés, mejoran la concentración, el ánimo y la memoria, y además activan las funciones de la corteza prefrontal, para que puedas tomar mejores decisiones. Es más, la meditación es beneficiosa para el corazón, la presión arterial, el sistema digestivo y el inmunitario, y asimismo mejora las funciones ejecutivas y el control emocional, y reduce la ansiedad, la depresión y la irritabilidad.[24]

Existen muchas técnicas eficaces, como leer, memorizar o meditar sobre las *Escrituras*; escribir una oración personal; leer escritos espirituales clásicos o enfocarse en la gratitud. Una de mis formas favoritas de meditar es la «Meditación de bondad amorosa» (LKM, por sus siglas en inglés), diseñada para cultivar sentimientos de buena voluntad y calidez hacia los demás. Esta práctica se ha mostrado eficaz para aumentar con rapidez las emociones positivas y reducir las negativas,[25] aliviar el dolor[26] y las migrañas,[27] disminuir los síntomas del trastorno de estrés postraumático[28] y los prejuicios sociales,[29] así como incrementar la materia gris en las áreas cerebrales encargadas del procesamiento emocional[30] y reforzar los lazos sociales.[31] Así es como funciona:

Siéntate en un lugar cómodo, con una postura relajada, y cierra los ojos. Respira hondo dos o tres veces, e intenta exhalar invirtiendo el doble de tiempo que en la inspiración. Deja que tus preocupaciones o inquietudes se esfumen y siente cómo la respiración te recorre el pecho. Mientras permaneces así, en silencio, repite con calma o en voz baja las siguientes frases u otras similares:

Que me sienta segura/o y protegida/o.
Que goce de salud y fortaleza.
Que encuentre felicidad y propósito.
Que viva en paz.

Permite que las intenciones de estas frases sean asimiladas de forma profunda en tu ser a medida que las repites. Deja que esos sentimientos tomen fuerza.

Tras algunas repeticiones, dirige las mismas frases hacia alguien a quien quieras dar las gracias o que haya sido de ayuda para ti:

Que te sientas seguro/a y protegido/a.
Que disfrutes de salud y fortaleza.
Que encuentres felicidad y propósito.
Que vivas en paz.

Ahora piensa en alguien con quien no tienes ningún lazo afectivo. Elige a una persona que no te inspire ni alegría ni desagrado, y repite las mismas frases.

Luego piensa en alguien que no soportas o con quien estés atravesando dificultades, y repite las frases pensando en esa persona. Los niños y niñas que son objeto de burlas o acoso en la escuela suelen sentir un mayor nivel de empoderamiento cuando envían amor a quienes les hacen sufrir.

Por último, reproduce estas frases de manera más general, por ejemplo:

Que todo el mundo se sienta seguro y protegido.

Puedes practicarlo unos 30 minutos o más; el tiempo lo decides tú.

Quinta técnica: elabora tu lista de reproducción de «rescate emocional»

La música tiene el poder de calmar, inspirar, mejorar el estado de ánimo y la concentración. Es un elemento fundamental en todas las culturas conocidas, con raíces que se extienden a lo largo de miles de años.[32] Tras analizar a más de 800 personas, un equipo de investigadores ha descubierto que la música se emplea para regular la energía y el estado emocional, fomentar la autoconciencia y fortalecer los vínculos sociales; actúa como una especie de «pegamento social» (piensa, por ejemplo, en canciones sobre oficios o sobre la guerra, en nanas o himnos nacionales).[33] En su influyente libro *The Secret Language of the Heart*, Barry Goldstein explora las propiedades neurocientíficas de la música. Según este autor, la música estimula los circuitos emocionales del cerebro[34] y libera oxitocina (la llamada «hormona del amor»), que favorece los vínculos, la confianza y las relaciones.[35] «Escuchar música puede generar emociones intensas, lo cual aumenta la producción de dopamina, un neurotransmisor que regula los centros de recompensa y placer […] La música se utilizó para ayudar a pacientes con lesiones cerebrales graves a recuperar recuerdos personales. Les permitió reconectar con recuerdos a los que antes no podían acceder»,[36] dice en su libro. Sin embargo, es clave tener en cuenta que la música que te gusta (o la que te disgusta) puede también interferir en tu concentración.[37]

Según el concepto de *acoplamiento*, que implica que el cerebro adopta el ritmo del entorno, puedes influir en tu mente mediante la música que elijas. En un estudio fascinante, los participantes calificaron la *Sonata para dos pianos (K. 448)* de Mozart como alegre, y la *Sonata «Claro de luna»* de Beethoven como triste.[38] Así, escuchar música alegre (la pieza de Mozart) aumentó la actividad en el hemisferio izquierdo del cerebro, asociado con la felicidad y la motivación, y la redujo en el derecho, vinculado a la ansiedad y la negatividad. La pieza de Beethoven produjo el efecto contrario.

Según una investigación publicada en el *Journal of Positive Psychology*, puedes mejorar tu estado de ánimo y aumentar tu felicidad en solo dos semanas mediante la escucha de música específica para este fin (como *Rodeo*, de Aaron Copland) solo doce minutos al día.[39] Los resultados de este estudio mostraron que escuchar música instrumental alegre (en vez de canciones con letra) tuvo un mayor poder para activar los circuitos emocionales o límbicos del cerebro.[40]

Así que crea tu propia lista de reproducción «de rescate emocional» para mejorar con rapidez tu estado de ánimo. La investigación al respecto ha demostrado que puede ser eficaz comenzar con piezas musicales que disfrutes. Si no sabes por dónde empezar, prueba algunas de estas composiciones, que han mostrado científicamente su capacidad para mejorar el estado de ánimo:

Sin letra (las letras pueden distraerte[41])
- *Sonata para dos pianos en Re mayor, tercer movimiento (K. 448)*, Mozart (~6 min)
- *Claro de luna* – Debussy (~5 min)
- *Adagio para cuerdas* – Samuel Barber (~8 min)

- *Sonata para piano n.º 17 en Re menor* («La Tempestad») – Beethoven (~25 min)
- *First Breath after Coma* – Explosions in the Sky (9:33 min)
- *Adagio para cuerdas* – Tiësto (9:34 min versión original; 7:23 min versión de álbum)
- *Fanfare for the Common Man* – Aaron Copland (~4 min)
- *Weightless* – Marconi Union (8:09 min)
- *Flotus* – Flying Lotus (3:27 min)
- *Lost in Thought* – Jon Hopkins (6:16 min)
- *The Soundmaker* – Rodrigo y Gabriela (4:54 min)
- *See* – Tycho (5:18 min)
- *Spectre* – Tycho (3:47 min)

Añade sonidos de la naturaleza (haz tus propias grabaciones o descarga tus favoritos) para mejorar tu estado de ánimo y concentración.[42]

Con letra:[43]
- *Good Vibrations* – The Beach Boys (3:16 min)
- *Don't Stop Me Now* – Queen (3:36 min)
- *Uptown Girl* – Billy Joel (3:23 min)
- *Dancing Queen* – ABBA (3:45 min)

- *Eye of the Tiger* – Survivor (4:11 min)
- *I'm a Believer* – The Monkees (2:46 min)
- *Girls Just Want to Have Fun* – Cyndi Lauper (4:25 min)
- *Livin' on a Prayer* – Bon Jovi (4:09 min)
- *I Will Survive* – Gloria Gaynor (3:11 min)
- *Walking on Sunshine* – Katrina and the Waves (3:48 min)

Barry Goldstein ha compuesto música de forma específica para estimular el cerebro: la creatividad, el estado de ánimo, la memoria, la gratitud, la energía, la concentración, la motivación y la inspiración. Puedes encontrarla en www.mybrainfitlife.com. Hazle un favor a tu cerebro y disfrútala con frecuencia.

Sexta técnica: sumerge los cinco sentidos en la positividad

El cerebro percibe el mundo a través de los sentidos. Si modificas los estímulos que recibe, serás capaz de transformar con rapidez la forma en que te sientes.

Oído: como hemos visto, la música es una poderosa herramienta para influir en el estado de ánimo y optimizar el bienestar emocional.

Tacto: el contacto físico positivo tiene un profundo impacto en el cuerpo y la mente. Recibir abrazos, masajes, acupuntura, acupresión o simplemente relajarse en una sauna pueden producir mejoras significativas en el estado de ánimo. Se ha comprobado que los masajes reducen el dolor y la ansiedad y mejoran el bienestar en pacientes con fibromialgia,[44] cáncer[45] y que se hayan sometido a cirugías cardíacas.[46] También pueden favorecer la regulación emocional y de la conducta en estudiantes con TDAH (trastorno por déficit de atención e hiperactividad).[47] De manera similar, la acupuntura y la acupresión han demostrado su eficacia para aliviar el síndrome premenstrual (SPM),[48] la depresión,[49] la ansiedad o la ira,[50] así como diversas dolencias físicas.[51] Por su parte, las sesiones de sauna, incluso una sola, pueden elevar el estado de ánimo,[52] estimular la producción de endorfinas (las hormonas del bienestar)[53] y reducir el riesgo de padecer alzhéimer.[54]

El cerebro percibe el mundo a través de los sentidos. Si modificas los estímulos que recibe, serás capaz de trasformar con rapidez la forma en que te sientes.

Olfato: ciertos aromas ejercen efectos terapéuticos sobre las emociones. En particular, el aceite de lavanda es ampliamente reconocido por sus beneficios para reducir la ansiedad,[55] mejorar el estado de ánimo,[56] promover un sueño reparador[57] y aliviar las migrañas.[58] Otros aromas, como el de rosa[59] o el de manzanilla,[60] también han demostrado favorecer la relajación y el bienestar.

Vista: la exposición a imágenes placenteras puede tener un impacto significativo en el equilibrio emocional. Así, la contemplación de paisajes naturales[61] o de patrones fractales (es decir, estructuras geométricas repetitivas y armoniosas)[62] ayuda a mitigar el estrés. Un estudio al respecto reveló que quienes observaban plantas reales o incluso pósteres con imágenes de vegetación experimentaban menor ansiedad durante la espera para procedimientos médicos.[63]

Gusto: incorporar especias como canela, azafrán, menta, salvia o nuez moscada a la alimentación puede estimular un buen estado de ánimo y potenciar la sensación de bienestar.[64]

Una manera placentera de integrar estos elementos y transformar tu estado de ánimo podría ser disfrutar de una sauna mientras escuchas *Good Vibrations*, contemplas paisajes oceánicos, inhalas fragancia de lavanda o aceite de rosas y saboreas un capuchino de leche de almendras con un toque de canela.

Estas seis técnicas son herramientas efectivas para mejorar tu bienestar con rapidez cuando experimentes ansiedad o cierta alteración del ánimo. Recurre a ellas siempre que necesites recuperar el equilibrio entre mente y cuerpo.

CAPÍTULO 2

CÓMO SENTIRTE FELIZ Y ESTAR PRESENTE

Superar la preocupación y la negatividad

Un pensamiento es inofensivo a menos que lo creamos. No son nuestros pensamientos, sino nuestro apego a ellos, lo que origina el sufrimiento. Apegarse a un pensamiento significa creer que es verdad sin ir más allá.

BYRON KATIE, AUTORA DE *AMAR LO QUE ES: CUATRO PREGUNTAS QUE PUEDEN CAMBIAR TU VIDA*

Los pensamientos negativos de tu cabeza son falsos mensajes del cerebro. Y, como tú no eres tu cerebro, no tienes por qué escucharlo siempre.

JEFFREY M. SCHWARTZ, AUTOR DE *YOU ARE NOT YOUR BRAIN*

AHORA QUE HEMOS APRENDIDO DISTINTAS TÉCNICAS para recuperar la calma en medio de cualquier aprieto, centrémonos en el mantenimiento cotidiano del equilibrio emocional. Y este, como cualquier otro asunto (ya sea perder peso, practicar un deporte o aprender a tocar un instrumento), depende en gran medida de la disciplina.

Desarrollar el hábito de pensar de forma disciplinada, honesta y certera es fundamental para sobreponerse a la ansiedad y las preocupaciones.

De todos modos, esto no es lo mismo que usar el pensamiento positivo —el cual, de hecho, puede impedir que te sientas bien a largo plazo—. Las personas que viven bajo el lema «no te preocupes, sé feliz» suelen fallecer antes, muchas veces como resultado de un accidente o de enfermedades prevenibles. ¿Y por qué? Pues porque creer que el futuro será favorable sin esforzarse ni seguir ningún plan puede impedir a la gente tomar ciertas medidas que justo le proporcionarían un futuro favorable.[1]

Este capítulo te ayudará a desarrollar la disciplina mental necesaria para eliminar los PNA (pensamientos negativos automáticos), silenciar la mente, mantener un nivel adecuado de ansiedad y centrarte en la gratitud.

Eres lo que piensas

Según un estudio de Microsoft de 2015, la capacidad de atención del ser humano es de ocho segundos.[2] Para que tengas un poco de contexto, se estima que la capacidad de atención de una carpa dorada es de nueve segundos. Visto así, el desarrollo humano parece haber tomado un camino equivocado, y la tecnología, que debería echarnos una mano, lo está empeorando aún más.[3] De hecho, la investigación al respecto muestra que quienes pasan más tiempo frente a una pantalla (ya sea con la televisión, el teléfono móvil o los videojuegos) tienden a ser menos felices.

Con la tecnología moderna comiéndose nuestra capacidad de atención y orientando la mente de los individuos hacia la voluntad de las grandes empresas, disciplinar los hábitos de pensamiento en el aquí y el ahora supone una habilidad esencial para alcanzar la felicidad y los propósitos que nos hayamos marcado.

Cada vez que piensas en algo, tu cerebro segrega sustancias químicas; así es como funciona. Piensas una cosa, tu cerebro libera sustancias químicas, se generan transmisiones eléctricas y entonces es cuando tomas conciencia de lo que estás pensando. Los pensamientos son reales y afectan al modo en que te sientes y actúas. Así como las repeticiones de un ejercicio físico fortalecen los músculos, tener repetidas veces los mismos pensamientos también les otorga más potencia.

Cada vez que tienes un pensamiento desagradable, desesperanzador, triste, airado, molesto o irritante, como «soy estúpido», tu cerebro libera ciertas sustancias químicas que te producen malestar. Es decir, el cuerpo reacciona a todos los pensamientos negativos que te pasan por la cabeza. Cuando alguien se enfada, se le tensan los músculos, el corazón se le acelera, le empiezan a sudar las manos y es posible incluso que se maree un poco.

Del mismo modo, cada vez que tienes un pensamiento alegre, esperanzador, feliz, optimista o positivo, tu cerebro libera sustancias químicas que te producen bienestar. Cuando alguien es feliz tiene los músculos relajados, disminuye su frecuencia cardíaca, respira mucho mejor y apenas muestra signos de sudoración.

Tu cuerpo reacciona a cualquier pensamiento, tanto si está relacionado con el trabajo como con los amigos, la familia o cualquier otro tema. Por eso cuando la gente está enfadada suele manifestar ciertos síntomas como dolor de cabeza, molestias en el estómago, diarrea o una mayor propensión a contraer enfermedades. Y es que cualquier pensamiento negativo actúa como una toxina en todo el sistema. Del mismo modo que la contaminación en Los Ángeles o Pekín afecta a quienes están al aire libre, los pensamientos negativos ejercen su efecto tanto en la mente como en el cuerpo.

Hace cientos o miles de años, los pensamientos negativos nos protegían de una muerte prematura o de convertirnos en la cena de cualquier depredador. Es decir, no bajar nunca la guardia y evitar cualquier peligro era determinante para la supervivencia. Por desgracia, y a pesar de que el mundo se ha convertido en un lugar más seguro, ese sesgo negativo permanece en el cerebro humano.

La investigación al respecto ha demostrado que las experiencias negativas ejercen mucha más influencia en el cerebro que las positivas.[4] La gente suele prestar más atención a las malas noticias que a las buenas, por eso los informativos llenan su programación con inundaciones, asesinatos, escándalos políticos y todo tipo de calamidades. Según un estudio del sitio web de marketing de contenidos Outbrain.com, en dos períodos distintos de 2012 los titulares con adjetivos negativos registraron una tasa de clics un 63 % más elevada que aquellos que contenían adjetivos positivos.[5] Por desgracia, una perspectiva negativa es mucho más contagiosa que otra positiva, por eso es más común que las campañas políticas hagan hincapié en los aspectos negativos.

Incluso nuestro lenguaje está afectado por este sesgo: un 62 % de las palabras del diccionario tiene connotaciones negativas, mientras que solo un 32 % expresa aspectos positivos.[6]

El psicólogo y escritor Rick Hanson explica que el cerebro presenta un sesgo natural hacia la negatividad. Mientras que las malas noticias se almacenan de inmediato para protegernos, las experiencias positivas deben mantenerse en la conciencia durante al menos doce segundos para fijarse en la memoria. «El cerebro actúa como el velcro para lo negativo y como el teflón para lo positivo», escribió Hanson.[7]

Por su parte, el psicólogo Mihaly Csikszentmihalyi, autor de *Flow: The Psychology of Optimal Experience*, sostiene que, si no dirigimos la atención hacia algo concreto, la mente tiende a divagar y preocuparse. La única manera de contrarrestar esa tendencia es enfocarnos en actividades que nos generen *bienestar*, que nos proporcionen un sentido de propósito y logro.

En resumen, las emociones negativas tienden a imponerse sobre las positivas, por lo que es esencial entrenar la mente para mitigar esta tendencia natural y potenciar pensamientos y emociones más constructivos. Si no los controlas y los metes en cintura, los pensamientos negativos (del tipo *soy inútil, soy estúpida* o *no tengo ningún control sobre mi vida*) te engañarán y causarán estragos en tu existencia. Si no los desafías, terminarás creyéndolos y actuando según esa falsa creencia.

Por ejemplo, si pienso algo como *mi mujer nunca me escucha cuando hablo,* sentiré tristeza, soledad y, tal vez, irritación. Y me daré permiso para ser grosero con ella. A su vez, esta reacción a la mentira que me estoy contando puede causar una espiral negativa en mi matrimonio que quizá acabe arruinándome la vida.

Si permites que pensamientos descontrolados te invadan la mente una y otra vez, aumentas la posibilidad de actuar generando consecuencias negativas. Por eso es esencial aprender a dominarlos.

Elimina los pensamientos negativos que te roban la felicidad

Acuñé el acrónimo PNA (ANT, en inglés) a principios de la década de los noventa, después de un día muy duro en la oficina: había atendido a cuatro pacientes con tendencias suicidas, a dos adolescentes que habían huido de casa y a dos parejas que se detestaban. Para colmo de males, nada más llegar a casa me encontré la cocina infestada de hormigas. Había miles de ellas por todas partes: salían por los agujeros de los enchufes y por los intersticios de las baldosas del suelo y la pared; incluso hallé hormigas en las cajas de cereales de la despensa. Las obras del vecindario habían removido la tierra y las hormigas andaban buscando un nuevo hogar. Mientras empezaba a deshacerme de aquella horda con trapos húmedos me vino a la cabeza el acrónimo ANT (*Automatic Negative Thoughts*; en inglés, *ant* significa «hormiga». La traducción al español, Pensamientos Negativos Automáticos o PNA, no conserva el juego de palabras).

Los PNA son pensamientos que se te presentan en la mente sin haber sido invitados, y te provocan malestar, tristeza, preocupación o disgusto. ¡Y la mayoría de las veces ni siquiera son reales!

Esa tarde, mientras pensaba en los pacientes, me di cuenta de que, al igual que mi cocina, ellos también estaban infestados por una serie de PNA que les robaban la alegría y la felicidad. Me vino a la mente una imagen extraña: hormigas desplazándose sobre sus cabezas y saliéndoles de ojos, narices y oídos. Los PNA pretendían instalarse en la mente de mis pacientes. Al día siguiente llevé un espray de insecticida a la consulta y lo puse en mi mesa. En cuanto comencé a hablar del concepto con mis pacientes, lo entendieron.

Plantéate los pensamientos negativos automáticos como si fueran hormigas que molestan a una pareja en medio de un romántico pícnic. Un pensamiento negativo, como una hormiga en un pícnic, no es un gran problema; dos o tres pensamientos negativos automáticos, como dos o tres hormigas en un pícnic, se vuelven un poco más molestos; 20 o 30 pensamientos negativos automáticos, como 20 o 30 hormigas en un pícnic, pueden hacer que la pareja decida levantarse e irse. Si permitimos que los PNA permanezcan en nuestra cabeza, se reproducirán con rapidez y abrirán las puertas a la ansiedad, la depresión, la ira y los problemas en las relaciones.

A medida que hablaba sobre los PNA con mis pacientes, reemplacé el bote de insecticida por una marioneta de una hormiga negra y un adorable oso hormiguero de peluche. Luego diseñé un sencillo ejercicio para ayudar a mis pacientes a erradicar los PNA: *Cada vez que sientas tristeza, ira, ansiedad o pérdida de control, escribe tus pensamientos negativos automáticos y enfréntate a ellos.*

Cuando no cuestionas un pensamiento negativo (por ejemplo, «soy inútil»), tu mente lo toma como una certeza y tu cuerpo reacciona en consecuencia. En cambio, al corregir esos pensamientos negativos (diciéndote, por ejemplo: «Aporto valor y alegría a la vida de mi pareja, mis hijos y mis amigos») les arrebatas su poder.

El arte de dirigir, cuestionar y corregir los PNA no es nada nuevo. Dos de mis versículos favoritos del *Nuevo testamento* son puestos en boca del apóstol Pablo:

> Por último, hermanos, consideren bien todo
> lo verdadero, todo lo respetable, todo lo justo,
> todo lo puro, todo lo amable, todo lo digno de
> admiración, en fin, todo lo que sea excelente o
> merezca elogio.
>
> FILIPENSES, 4:8

> No se amolden al mundo actual, sino sean
> transformados mediante la renovación de su mente.
>
> ROMANOS, 12:2

Ya hace dos mil años, Pablo enseñaba los beneficios de llenar la mente de cosas buenas y positivas. Y de forma más reciente, a principios de la década de los sesenta del pasado siglo, el psiquiatra Aaron Beck fundó una escuela de psicoterapia llamada terapia cognitivo conductual (TCC), que es una forma estructurada de enseñar a los pacientes a cuestionar y erradicar sus pensamientos negativos.

La buena noticia es que puedes aprender a eliminar este tipo de pensamientos y reemplazarlos por otros más constructivos, que te ofrezcan una visión más realista y justa de cualquier situación. No se trata de usar el *pensamiento positivo* para ignorar la realidad, sino de pensar de forma certera y honesta. Y si aprendes cómo hacerlo podrás cambiar por completo tu vida.

A lo largo de los años, los terapeutas han identificado siete tipos diferentes de patrones de pensamiento negativo que desequilibran la mente. Tienen diversos nombres, pero estos son los que yo prefiero utilizar:

1. **PNA de «todo o nada»**: consiste en pensar que las cosas son buenas o malas en términos absolutos.

2. **PNA de «solo lo malo»**: consiste en ver solo lo negativo de una situación.
3. **PNA de culpa**: se trata de pensar en términos de *debería, debo, tendría que* o *tengo que*.
4. **PNA de poner etiquetas**: consiste en poner etiquetas negativas, a ti o a otra persona.
5. **PNA de predicción del futuro**: consiste en esperar el peor resultado posible de una situación, con poca o nula evidencia que lo respalde.
6. **PNA de «leer el pensamiento»**: se trata de creer que sabes lo que piensan los demás, aunque no te lo hayan dicho.
7. **PNA de echar la culpa**: consiste en responsabilizar a otras personas de tus problemas.

Echémosles un vistazo más de cerca y hablemos sobre cómo puedes parar los pies a cada uno de ellos.

1. **PNA de «todo o nada»**: estos insidiosos pensamientos negativos automáticos te hacen caer en la autocompasión. No conocen el *a veces* o el *quizá*; en cambio, piensan en términos absolutos, usando palabras como *todo, siempre, nunca, ninguno, nada, nadie, todos* y *siempre que*.

Recuerdo a una mujer que me dijo que odiaba tanto el gimnasio que jamás haría ejercicio. Este es un claro ejemplo del pensamiento de «todo o nada», donde algo se percibe como bueno o malo en términos absolutos.

La clave para superar estos PNA es abandonar los extremos y replantear la situación.

—¿Te gusta bailar? —le pregunté.

—Oh, me encanta bailar —respondió.

—¿Y caminar por la playa? —insistí.

—Eso también me gusta —dijo.

Cuando le expliqué que bailar y caminar por la playa son formas de ejercicio, me miró desconcertada. Siempre había asociado *hacer ejercicio* con ir al gimnasio. Al darse cuenta de que cualquier actividad física cuenta como ejercicio, reflexionó:

—Bueno, quizá no odio hacer ejercicio; quizá solo odio el gimnasio.

Cuestionar los PNA es la mejor manera de desarmarlos y restarles poder.

2. **PNA de «solo lo malo»**: ¡estos PNA son incapaces de ver nada bueno! Son cortos de miras y solo pueden centrar la vista en los errores y problemas. Por eso te llenan la cabeza de fracasos, frustraciones y miedos.

Como ya hemos visto, el cerebro humano está configurado para abrazar lo negativo, y estos PNA son capaces de manchar cualquier buena experiencia con su negatividad. Son el juez, el jurado y el verdugo de las nuevas experiencias y relaciones, y de los hábitos recién adquiridos.

Aquí tienes algunos ejemplos:

Quería perder 14 kilos en 10 semanas, pero solo he perdido 3,6 kilos. Soy un completo fracaso.

Fui al gimnasio y entrené bastante, pero el tipo de la bici de al lado no paró de hablar. No pienso volver.

Hice una presentación en el trabajo para 30 personas. Aunque me dijeron que les gustó, hubo alguien que se durmió durante mi charla, así que debió de ser realmente terrible.

Como hemos visto, centrarse en lo negativo libera sustancias químicas en el cerebro que te hacen sentir mal y reducen la actividad cerebral relacionada con el autocontrol, el juicio y la planificación. Por el contrario, aumenta las probabilidades de tomar malas decisiones, como pedirte una última copa, engullir

> *Dar un giro positivo a tus pensamientos provoca cambios beneficiosos en tu cerebro que te harán más feliz e inteligente.*

una bolsa entera de patatas fritas o engancharte durante horas a las redes sociales.

Pero, así como enfocarte solo en los PNA negativos te conduce al fracaso, centrarte en lo positivo mejorará sin duda tu estado de ánimo y te ayudará a sentirte mejor contigo. Porque dar un giro positivo a tus pensamientos provoca cambios beneficiosos en tu cerebro que te harán más feliz e inteligente. Así es como podrías replantear esas situaciones mencionadas:

Ya he perdido 3,6 kilos y he cambiado mi estilo de vida, así que continuaré perdiendo peso hasta alcanzar mi meta de adelgazar 14 kilos.

Después de hacer ejercicio tuve mucha más energía para el resto del día.

La mayoría de la gente me dijo que le había gustado mi presentación. Me pregunto si esa persona que se quedó dormida se habría acostado tarde anoche.

3. **PNA de culpa:** me crie en un entorno católico y asistí a escuelas parroquiales hasta noveno grado; podría decirse que soy toda una eminencia en este tema. Lo cierto es que los *deberías* y *no deberías* eran parte de mi día a día. Por supuesto, algunas de estas normas tienen su valor, pero en mis más de 35 años como psiquiatra he comprobado que la culpa rara vez es un motor eficaz para el cambio; de hecho, suele ser más bien contraproducente y un obstáculo para alcanzar los objetivos que uno se plantea.

Aquí tienes algunos ejemplos de PNA de culpa:

> *Debería visitar más a mis padres.*
>
> *Debería tomar menos azúcar.*
>
> *Debería empezar a contar las calorías que ingiero.*
>
> *Tendría que hacer más ejercicio.*
>
> *Debería actuar con más generosidad.*

¿Qué ocurre cuando permites que estos PNA ronden por tu cabeza? ¿Acaso logran que vayas a ver a tus padres, reduzcas el consumo de azúcar, controles las calorías de lo que comes, hagas más ejercicio o seas una persona más generosa? Lo dudo. Es parte de la naturaleza humana echarse atrás cuando se siente que hay que hacer algo a la fuerza, incluso si es en beneficio propio.

La clave para vencer estos PNA consiste en reemplazarlos con frases como «quiero hacer esto», «este es uno de mis propósitos» o «hacerlo sería muy provechoso para mí». Bajo esta premisa sí que resultaría muy beneficioso sustituir las frases anteriores por estas:

Quiero visitar más a mis padres, porque son una parte fundamental de mi vida.

Mi objetivo es tomar menos azúcar, porque me ayuda a combatir los antojos y me previene contra los bajones de energía, la diabetes y la inflamación. Además, evita que tenga cambios de humor.

Quiero empezar a contar las calorías de lo que como porque eso me permitirá aprender a tomar el control de mis comidas.

Hacer más ejercicio es una de mis prioridades, porque me ayudará a tener más energía.

Soy una persona generosa, y mi objetivo es seguir trabajando en esa dirección para sentirme mejor.

4. **PNA de poner etiquetas**: cada vez que etiquetas a alguien (incluyéndote a ti) con un término negativo, limitas tu capacidad de analizar la situación con objetividad. Con el tiempo, estas rutas mentales tan arraigadas conducen a comportamientos perjudiciales. Por ejemplo, si te autocalificas como una persona perezosa, es probable que pierdas la motivación para esforzarte en los estudios o en el trabajo. Este tipo de pensamiento te empuja a tirar la toalla antes siquiera de intentarlo, y te atrapa en viejos hábitos. Algunos ejemplos de PNA de poner etiquetas son:

   Soy perezoso.

   Soy una fracasada.

   No tengo suerte en los negocios.

   El problema con los PNA de poner etiquetas es que te convencen de que los cambios son imposibles; es como si tu identidad estuviera ya fijada y no pudieras evolucionar. Puedes pensar que eres lo que eres, sí. ¡Pero no es cierto! Recuerda, Pablo nos advierte que podemos evolucionar si cambiamos nuestra forma de pensar. Así que pon en práctica este consejo para hacer hincapié en aquello que puedes cambiar:

> *Sé que puedo rendir mejor en los estudios si me esfuerzo más. Pediré a mi tutor que me ayude a elaborar un plan de estudios y me enseñe técnicas de gestión del tiempo.*
>
> *Soy capaz de mucho más de lo que he hecho hasta ahora. Me comprometo a llevar una alimentación más saludable, hacer más ejercicio y dedicar más tiempo a mi familia y amistades.*
>
> *Sé que puedo dar lo mejor de mí en el trabajo. Elaboraré una lista de mis puntos fuertes y buscaré estrategias para aprovecharlos de una manera más eficaz.*

Permíteme un último consejo: incluso las etiquetas positivas pueden ser perjudiciales. Por ejemplo, siempre aconsejo a padres y madres que no destaquen la inteligencia de sus hijos e hijas. Es mejor que alaben su esfuerzo por aprender. Y es que cuando le dices a un niño que es inteligente, asume que lo es, y entonces es bastante probable que no se esfuerce por mejorar. Así, cuando se enfrente una nueva actividad que sea compleja y no se sienta tan inteligente es muy posible que tire la toalla. Sin embargo, si ensalzas su capacidad de esfuerzo, cuando tenga que gestionar una situación compleja persistirá, porque sabe que tiene esa capacidad para esforzarse.

5. **PNA de predicción de futuro**: ¡no se te ocurra hacer caso a estos mentirosos PNA! Este tipo de pensamientos creen que pueden predecir el futuro, pero lo que hacen en realidad es tener ocurrencias descabelladas que te provocan malestar. Se te meten en la cabeza y proyectan tus miedos en el futuro. Es cierto que no está de más prepararte por si vienen mal dadas, pero al prestar toda tu atención a un futuro temible solo lograrás acabar con la ansiedad por las nubes. Aquí tienes algunos ejemplos:

   Si salgo a correr, me torceré un tobillo.

   Si hago esa presentación, sufriré un ataque de pánico.

   Ninguna de mis inversiones obtendrá beneficios.

   Si me acuesto más temprano me pasaré toda la noche en vela.

   Proyectar el peor escenario en una situación provoca un incremento instantáneo de la frecuencia cardíaca y respiratoria, y esto suele generar ansiedad.

También puede desencadenar antojos de azúcar o carbohidratos refinados y hacerte sentir que necesitas comer para calmar tu ansiedad.

Lo peor de los PNA de proyección de futuro es que, como la mente es muy poderosa, pueden convertir tus miedos en realidad. Por ejemplo, si temes torcerte el tobillo, este pensamiento es capaz de desactivar las funciones del cerebelo y, en consecuencia, volverte más torpe y que así tengas más probabilidades de lesionarte. Del mismo modo, si tienes la seguridad de que no pasarás buena noche o no encontrarás pareja, contarás con menos probabilidades de adoptar las conductas que te permitirían encauzar esa situación.

La mejor forma de enfrentarte a estos PNA es pagarles con la misma moneda:

Mientras me asegure de estirar y mantener la concentración al correr, todo irá bien.

Voy a destacar en esa presentación.

Haré inversiones financieras sólidas y bien informadas. Así, incluso si algunas no salen como espero, me mantendré en una posición estable.

Si no logro dormirme enseguida, me pondré a leer un buen libro hasta que el sueño me venza.

6. **PNA de «leer el pensamiento»**: estos PNA están convencidos de que son capaces de penetrar en la mente de los demás y saber lo que están pensando sin que medien palabra. Dicen cosas como «todo el mundo me odia» o «me están tomando el pelo». Cuando tienes la certeza de que sabes lo que piensan los demás, sin que te lo hayan dicho ni lo hayas preguntado, estás alimentando este tipo de pensamientos.

Llevo 25 años formándome en mi especialidad y soy incapaz de saber lo que piensa otra persona a menos que me lo diga. Si alguien te mira de soslayo no significa que esté hablando de ti o no te soporte. Me gusta comentar a mis pacientes que, si alguien te mira mal, quizá sea porque está acatarrado. ¡Nunca lo puedes saber! Los siguientes son otros ejemplos de este tipo de PNA:

No le gusto a mi jefe.

Mi maestro de artes marciales no me respeta porque tengo sobrepeso.

Mis amigos piensan que no voy a poder seguir el ritmo en la excursión.

Mi padre siempre pensará que no soy lo bastante fuerte.

> *La gente dedica todo su tiempo a preocuparse y pensar sobre sí misma, no sobre ti. Así que deja de intentar leerles la mente.*

Procuro compartir con mis pacientes la «Regla 18-40-60». Es decir, cuando tienes 18 años te preocupa lo que todo el mundo piense sobre ti; a los cuarenta, te da igual lo que piensen de ti; y a los 60 te das cuenta de que los demás no han pensado en ti en absoluto. La gente dedica todo su tiempo a preocuparse y pensar sobre sí misma, no sobre ti. Así que deja de intentar leerles la mente. No permitas que estos PNA borren tus pensamientos positivos. Cuando no sepas algo, pregunta. Los PNA de leer el pensamiento son contagiosos y causan verdaderos estragos en las relaciones con otras personas.

7. **PNA de echar la culpa**: este tipo de PNA siempre usa el mismo sonsonete: «¡Yo no he sido! ¡Ha sido él! ¡No es culpa mía, es tuya!». No quieren que admitas tus errores o aprendas a solventar los problemas; pretenden que seas siempre la víctima.

De entre todos los PNA, este es el más dañino; no solo te arrebata la felicidad, sino que se apodera de toda tu fuerza. Cuando echas la culpa a alguien por los problemas de tu vida, te conviertes en una víctima de las circunstancias que no puede hacer nada para remediar la situación. De modo que trátate con honestidad y pregúntate si sueles decir frases como estas:

Si no hubieras hecho eso, me habría salido bien.

No lo logré porque no hiciste lo suficiente para ayudarme.

No es mi responsabilidad comer en exceso; mi madre me enseñó a dejar el plato limpio.

Me está resultando difícil cumplir con el plazo porque el cliente cambia de opinión todo el tiempo. Me siento miserable, y todo es culpa suya.

Mi novio no llamó a tiempo, y ahora ya es demasiado tarde para ver la película que quería. ¡Me arruinó la noche!

Empezar una frase con «es culpa tuya que…» puede arruinarte la vida. Para ser capaz de romper este círculo vicioso de pensamiento debes plantearte que tú eres la única persona que puede cambiar tu forma de pensar.

Me encanta esta frase de Vernon Howard: «Permitir que otra persona tome las riendas de tu vida es como dejar que el camarero se coma tu cena».

Al mismo tiempo, culparse en exceso puede ser igual de perjudicial. Esfuérzate siempre por ser un buen mentor para ti, y no alguien crítico o destructivo.

Como ves, es posible aprender a escuchar tus pensamientos y redirigirlos para sentirte más feliz y optimista. Siempre que estés triste, que algo te moleste, te ponga de los nervios o te haga sentir fuera de control:

1. Anota tus pensamientos negativos automáticos (PNA).
2. Identifica su tipo (puede haber más de uno).
3. Pregúntate si tienes la completa seguridad de que ese pensamiento es cierto.
4. Reenfoca la mente en lo que sabes que es verdad.

Enfrentar los PNA con la verdad es una herramienta poderosa. No creas cada pensamiento irracional que te pase por la cabeza. En su lugar, recuerda la sabiduría de Pablo: «Por último, hermanos, consideren bien todo lo verdadero, todo lo respetable, todo lo justo, todo lo puro, todo lo amable, todo lo digno de admiración, en fin, todo lo que sea excelente o merezca elogio» (Filipenses, 4:8).

Tan pronto como te despiertes o pongas un pie en el suelo para bajar de la cama, repite en voz alta: «Hoy va a ser un gran día». Dado que la mente tiende a la negatividad, a menos que la entrenes y la metas en vereda siempre encontrará fuentes de estrés en el día que tienes por delante. Por lo tanto, si orientas tus pensamientos hacia la idea de que «hoy va a ser

No creas cada pensamiento estúpido que te ronda por la cabeza.

un gran día», tu cerebro te ayudará a encontrar las razones por las que será, en efecto, así. Recuerda que tienes el poder de decidir dónde enfocar tu atención, incluso en momentos de crisis.

Aprender a derrotar a tus PNA y redirigir la mente mediante pensamientos positivos te permitirá superar la preocupación y la ansiedad, y te ayudará a vivir la mejor vida posible.

CAPÍTULO 3

APRENDE A VER EL VASO MEDIO LLENO

Saca partido al poder del optimismo,
la gratitud y el amor

«Gracias» es la mejor oración que cualquiera podría decir. Lo digo mucho. Gracias expresa extrema gratitud, humildad, comprensión.
ALICE WALKER

UNA VEZ ME CONTARON LA SIGUIENTE historia: a finales de siglo una empresa que fabricaba zapatos envió a un comercial a África. Al poco tiempo, este les mandó un mensaje: «Vuelvo a casa. Aquí nadie usa zapatos». Entonces, otra empresa mandó a su comercial y a los pocos días recibió el siguiente mensaje: «El negocio va fenomenal. Aquí nadie ha usado nunca zapatos». Lo que nos muestra esto es que cada comercial entendió la misma situación desde una perspectiva diferente y obtuvo resultados completamente distintos.

La percepción es la forma en que, como individuos, nos autointerpretamos y entendemos el mundo. Nuestros cinco sentidos están en contacto con el entorno, pero la percepción es un fenómeno que ocurre al procesar la información en el cerebro a través del filtro de los propios sentimientos. Cuando ese filtro es positivo, interpretamos la información de forma positiva; pero cuando echa mano de emociones como la ira o la hostilidad, entonces interpretamos el mundo como algo que nos perjudica. Por tanto, nuestra percepción del mundo exterior está basada en nuestro mundo interior. Por ejemplo, en un estado de agotamiento es más probable que el comportamiento de nuestros hijos nos irrite más de lo normal.

Lo que quiero decir es que el punto de vista es más determinante en la vida que las situaciones en sí mismas. El afamado psiquiatra Richard Gardner declaró en una ocasión que el mundo es como una prueba de Rorschach —aquella en la que se le pide describir lo que se ve en diez manchas de tinta sin significado intrínseco—: tu interpretación de estas imágenes refleja tu visión del mundo; tus percepciones son, en suma, un testimonio de tu estado mental. Los seres humanos percibimos aquello que pensamos. Por eso, en lugar de intentar transformar el mundo exterior debemos hacer hincapié en cambiar nuestro mundo interior.

En este sentido, a todos mis pacientes les enseño el modelo *A-B-C*.

A es la situación actual.
B es cómo interpretas la situación.
C es cómo reaccionas a la situación.

Las otras personas o las situaciones que afrontas (*A*) no pueden obligarte a nada. Es tu interpretación o percepción (*B*) la que motiva un comportamiento (*C*).

Piensa, por ejemplo, en la siguiente situación: una vez bostecé durante una sesión de terapia con un paciente. Este enseguida me preguntó si me estaba aburriendo. Yo le contesté que era importante que me lo hubiera preguntado. Aunque todo lo que me estaba contando me parecía interesante, la noche anterior había tenido una emergencia y esa mañana estaba agotado. Mi bostezo era *A*, su interpretación de que me aburría era *B*, y el hecho de preguntármelo era *C*. Su pregunta me produjo una gran satisfacción porque algunos pacientes podrían haber reaccionado (*C*) abandonando la sesión con una sensación negativa.

Por eso es tan fundamental preguntarse sobre *B*; incluso puede marcar la diferencia entre el bienestar y la muerte. Piensa en las dos historias del *Nuevo testamento* sobre Judas y Pedro, dos discípulos de Jesús que lo traicionaron la noche que lo apresaron (*Mateo*, 26:69-27:10). Judas aceptó dinero para identificar a Jesús ante

> *Si no cuestionamos nuestras percepciones, estas pueden llevarnos a un lugar no deseado.*

los soldados del templo, quienes lo arrestaron. Más tarde, por la noche, Pedro negó tres veces que conociera a Jesús.

En ambos casos, *A* fue la traición. *B* fue la interpretación de la traición: Judas creyó haber cometido un pecado imperdonable, mientras que Pedro, avergonzado, rompió en llanto. *C* fue su reacción: Judas devolvió las 30 monedas de plata y luego se ahorcó, mientras que Pedro buscó y recibió el perdón, y después llegó a ser una figura central en los inicios de la Iglesia cristiana. Recuerda, pues, que si no cuestionamos nuestras percepciones estas pueden llevarnos a un lugar no deseado.

Optimismo + Realidad = Resiliencia

El doctor Martin Seligman, considerado el padre de la psicología positiva, desarrolló el concepto de *indefensión aprendida*, que ha tenido un profundo impacto en mi carrera.[1] Él descubrió que cuando perros, ratas, ratones e incluso cucarachas eran sometidos a descargas dolorosas sin posibilidad de evitarlas, con el tiempo dejaban de intentar escapar y se limitaban a aceptar el dolor. Más tarde comprobó que los seres humanos reaccionan de la misma manera.

En una serie de experimentos, su equipo de investigación dividió de forma aleatoria a los participantes en tres grupos: el primero fue expuesto a un ruido fuerte que se podía detener presionando un botón; el segundo oyó el mismo sonido molesto, pero sin la posibilidad de apagarlo; y el tercero, el grupo de control, no fue expuesto a ningún ruido.

Al día siguiente, los participantes se enfrentaron a una nueva tarea de investigación con sonidos desagradables. Para detenerlos solo debían mover la mano unos 30 cm. Los integrantes del primer y tercer grupo descubrieron la solución enseguida y apagaron el ruido. Sin embargo, la mayoría de los participantes del segundo grupo no hizo nada. Como creían que no podían remediarlo, ni siquiera intentaron cancelar el irritante sonido; habían aprendido a sentirse indefensos.

Sin embargo (y aquí es donde los resultados se vuelven asombrosos), alrededor de un tercio de las personas del segundo grupo, a pesar de no haber podido escapar del ruido, nunca se *sintieron* indefensas. ¿Por qué? La clave resultó ser el optimismo. El equipo del doctor Seligman halló que quienes perseveran interpretan el dolor y los obstáculos como *temporales* (y no permanentes), *limitados* (en vez de generalizados) y *modificables* (y no fuera de su control).

Los optimistas suelen decir cosas como «Esto es pasajero, solo me afecta ahora y puedo hacer algo al respecto».

El equipo del doctor Seligman concluyó que fomentar el optimismo podría actuar como escudo contra la ansiedad, la depresión, el trastorno de estrés postraumático y las dificultades en las relaciones.

Estas son algunas de sus ideas clave:

1. *Presta atención a cómo te expresas y cómo lo hacen los demás.* ¿Hablan como si fueran los protagonistas de su vida o como si fueran víctimas? ¿Sienten que poseen el control o que están a merced de las circunstancias? ¿Perciben las dificultades como pasajeras o definitivas? Los pesimistas suelen ver lo negativo como permanente e inmutable, y lo positivo como efímero. En cambio, los optimistas piensan justo lo contrario: consideran lo malo como temporal y lo bueno como duradero y significativo.

2. *Transforma tu lenguaje y tu manera de interpretar las situaciones.* Deja de asumir el papel de víctima, toma el control en todo lo que puedas y recuerda que los desafíos, en la mayoría de los casos, son momentáneos.

3. *Convierte los errores en oportunidades de aprendizaje en lugar de tomarlos como un juicio definitivo sobre tu valía.* Todo el mundo se equivoca; lo que marca la diferencia es cómo reaccionas. Aceptar los tropiezos y extraer un aprendizaje de ellos te permitirá pasar página y seguir adelante (¡acuérdate de Judas y Pedro!).

Echemos un vistazo a las características principales de las personas optimistas y pesimistas:

PESIMISTAS	OPTIMISTAS
Sienten impotencia.	No pierden la esperanza.
Consideran que los problemas son permanentes.	Consideran que los problemas son pasajeros.
Creen que los problemas son generales.	Creen que los problemas son limitados.
Piensan que no poseen el control.	Reconocen su capacidad para influir en las situaciones.
Ven el fracaso como algo propio, intrínseco a su persona.	Ven el fracaso como una oportunidad de aprendizaje.
Suelen ser menos eficaces.	Tienen autoconfianza y creen en sus propias habilidades.
Se enfocan en los problemas.	Son progresistas.
Suelen tener poca esperanza en el futuro.	Mantienen una actitud esperanzadora.
Tienden a rendirse antes de tiempo.	Perseveran ante los desafíos.
Actúan de una manera menos proactiva con su salud.	Cuidan de forma activa su bienestar.
Guardan rencor.	Perdonan con mayor facilidad.

PESIMISTAS	OPTIMISTAS
Se quedan atrapados en las preocupaciones y la negatividad.	No se quedan atrapados en la negatividad.
Experimentan más estrés.	Experimentan menos estrés.
Tienen mayor propensión a sufrir insomnio.	Disfrutan de un descanso más reparador.
Ven el vaso medio vacío.	Ven el vaso medio lleno.
Son individuos más reservados.	Actúan con generosidad y altruismo.

Aunque estas características se enfocan de manera principal en rasgos psicológicos, las investigaciones al respecto han demostrado que nuestra perspectiva y actitud ante la vida (ya sea positiva o negativa) pueden influir de un modo profundo en la salud física.

Un extenso estudio con más de 97.000 participantes reveló que las personas optimistas presentaban un riesgo significativamente menor de padecer enfermedades cardíacas en comparación con las pesimistas.[2] Asimismo, las mujeres con altos niveles de «hostilidad cínica» tenían una mayor propensión a desarrollar afecciones coronarias.

El optimismo también se asocia con una mejor calidad de vida,[3] una menor incidencia de accidentes cerebrovasculares,[4] un sistema inmunitario más fuerte,[5] una mayor tolerancia al dolor[6] y una supervivencia prolongada en pacientes con cáncer de pulmón.[7]

No obstante, como hemos visto, el optimismo desmedido puede ser peligroso. *The Longevity Project*, de la Universidad de Stanford, reveló que quienes eran optimistas de un modo irracional tenían una esperanza de vida más corta debido a accidentes y enfermedades evitables.[8] Lo que ocurría en estos casos es que la falta de sueño fomentaba un optimismo desmesurado que derivaba en malas decisiones.[9] Entre los universitarios, un optimismo exagerado se asoció con un mayor consumo de alcohol,[10] y las personas que se dedicaban al juego de manera compulsiva también solían mostrar niveles desproporcionados de optimismo.[11]

En definitiva, lo ideal es equilibrar el optimismo con una planificación realista y la prevención de riesgos. ¡No importa hasta qué punto seas una persona positiva: en cualquier caso, un tercer tazón de helado con salsa de caramelo seguirá teniendo malas consecuencias para tu salud!

El poder de la gratitud

Una de las primeras cosas que aprendí como psiquiatra fue que, mediante las preguntas que formulo en la consulta, puedo generar malestar o hacer brotar unas lágrimas a cualquier persona. Si le pido a alguien que piense en sus peores recuerdos (sus fracasos, los momentos de mayor vergüenza o aquel día que le rompieron el corazón) en apenas unos segundos empezará a sentirse mal. Sin embargo, lo opuesto también ocurre: si le propongo que piense en sus momentos de mayor felicidad (sus éxitos o cuando se enamoró), en general esa persona suele esbozar una sonrisa.

El doctor Hans Selye, considerado uno de los pioneros en el estudio del estrés, señaló: «Nada elimina mejor los pensamientos desagradables que prestar atención plena a los pensamientos positivos».[12] Si pudiera embotellar la gratitud y recetarla, sin duda lo haría; sus beneficios exceden de sobra los de casi cualquier medicación que receto, y además no presenta efectos secundarios.

De hecho, un gran número de investigaciones sugiere que practicar a diario la gratitud (mediante una actividad tan simple como escribir aquello por lo que sientes agradecimiento) mejora el estado de ánimo, la salud, las relaciones, el carácter y la carrera profesional.

Centrarse en la gratitud potencia la actividad del sistema nervioso parasimpático y reduce los marcadores inflamatorios;[13] mejora los síntomas de depresión y estrés, y la felicidad;[14] disminuye el estrés en las personas cuidadoras,[15] y, en adultos mayores, reduce de forma significativa la ansiedad y la depresión, además de incrementar la recuperación de ciertos recuerdos, la satisfacción con la vida y la felicidad subjetiva.[16]

Si conviertes en hábito dirigir tu atención hacia aquello que quieres agradecer, el funcionamiento de tu cerebro mejorará. En momentos de estrés, tómate un minuto para anotar tres cosas (simples o complejas) por las que sientas gratitud. Es posible que, una vez que empieces, te cueste limitarte a tres.

También puedes fomentar tus buenos pensamientos si por la noche, en vez de contar ovejas, haces recuento de todo aquello que has recibido: es una forma sencilla de potenciar las emociones positivas. En un estudio con 221 adolescentes, quienes pensaron en lo que habían recibido experimentaron un incremento en las sensaciones de gratitud, optimismo y satisfacción con la vida, junto con una disminución de sentimientos negativos.[17] Así que ya sabes, antes de irte a dormir dedica al menos tres minutos a escribir tantas cosas buenas de tu vida como seas capaz de recordar.

Otra cosa que puedes hacer es adoptar el hábito de escribir el nombre de alguien a quien valoras y tu razón para hacerlo. Luego exprésale tu gratitud a esa persona con un correo, un mensaje de texto o una llamada. Hazlo una vez por semana y evita dirigirte a la misma persona hasta dentro de dos meses.

O, mejor aún, redacta un texto de 300 palabras sobre alguien por quien sientes agradecimiento, ya sea una profesora, un mentor, una amiga, tu jefe o un colega del trabajo. Cuando lo tengas, queda con esa persona y léeselo en voz alta. La investigación al respecto ha demostrado que este gesto no solo mejora de manera significativa la satisfacción y la felicidad, también ayuda a reducir los síntomas de depresión.[18]

Otro ejercicio que ha demostrado mejorar con rapidez el bienestar se llama «*¿Qué ha salido bien?*». Los resultados de los estudios sobre ello muestran que quienes lo practicaron experimentaron más sentimientos de felicidad y menos de depresión durante un seguimiento de seis meses después del estudio.[19] De modo que, antes de acostarte, escribe tres cosas que te hayan salido bien a lo largo del día y luego pregúntate: *¿Por qué ha salido bien?* Este sencillo ejercicio ayuda a que las personas que tienen trabajos más estresantes cultiven emociones más positivas.[20]

En una ocasión traté a una gran empresaria que había ganado millones de dólares con sus negocios. Sufría ansiedad, depresión y, además, sentía que era una fracasada y que su vida no tenía sentido. No hacía más que recrear un pequeño incidente en el que un periodista (cuyo único logro era desacreditar vidas ajenas) la había criticado con dureza en el artículo de una revista. Ella no era capaz de quitarse de la cabeza ese artículo; su cerebro seguía un patrón obsesivo que la mantenía atrapada en pensamientos y comportamientos negativos.

La primera tarea que le encargué fue que anotara sus éxitos con todo lujo de detalles. Llegó a la siguiente sesión con ocho páginas repletas de logros, entre ellos haber generado empleo para más de 500 personas, colaborar en múltiples causas benéficas y mantener relaciones sólidas. Aquel ejercicio le sentó de fábula y cambió su punto de vista de inmediato.

Así pues, anota los momentos más significativos y positivos de tu vida. Si eres capaz de recordar uno, seguro que encontrarás otro. Si identificas dos, es muy probable que halles tres, y así sucesivamente.

El amor: tu arma secreta

Cuando Jesús dijo: «Ámense unos a otros» (y cada cual a sí mismo también), estaba dándonos un gran consejo para nuestra salud. Las investigaciones al respecto indican que, si una persona está abatida, ansiosa o enfadada, lo mejor es que salga de sí misma para cambiar su estado de ánimo. En un estudio llevado a cabo sobre esta cuestión, quienes hicieron el ejercicio de agradecer por escrito activaron una parte del cerebro involucrada en la felicidad y el altruismo.[21]

Dicho esto, si quieres sentirte mejor, lo ideal es que busques a alguien que necesite ayuda. Un artículo del *New York Times* de 1970 contaba que, por aquel entonces, la que luego fue primera dama, Barbara Bush, estaba tan deprimida que algunas veces detenía su coche en el arcén porque tenía miedo de estrellarse a propósito contra un árbol u otro coche. La señora Bush no solicitó ayuda psiquiátrica ni tomó medicación alguna para tratar su depresión, que atribuía a los cambios hormonales de la menopausia o al estrés generado por el trabajo de su marido en la CIA. En lugar de eso, ella misma relató que hizo frente a su depresión implicándose en actividades de voluntariado y enfocándose en ayudar a los demás.[22]

Ofrecer amor a desconocidos o a personas cercanas no solo tiene un efecto sobre los demás, también incrementa tu propia felicidad. Así lo sugieren dos estudios, en uno de los cuales se pidió a 86 participantes que evaluasen su grado de satisfacción con la vida antes de dividirlos en tres grupos. Al primero se le pidió llevar a cabo un acto de bondad al día durante diez días; al segundo, probar algo nuevo cada día, y al tercero no se le dio ninguna instrucción. Pasado ese tiempo, se volvió a evaluar su satisfacción vital: los niveles de felicidad habían aumentado de forma significativa, y casi por igual, en los grupos que llevaron a cabo actos de bondad o actividades novedosas, mientras que en el que no hizo nada distinto a lo habitual no hubo cambios.[23] Los resultados de este estudio sugieren que dedicar tan solo diez días a ayudar a los demás es una forma eficaz de mejorar el bienestar personal.

> *Ofrecer amor a desconocidos o a personas cercanas no solo tiene un efecto sobre los demás, también incrementa tu propia felicidad.*

En otro estudio similar, separaron a los participantes en dos grupos y les pidieron que recordaran la última vez que habían gastado 20 o 100 dólares en sí mismos, o la última vez que habían destinado esa misma cantidad a otra persona. Después de puntuarse en una escala para medir sus niveles de felicidad, se les entregó una pequeña suma de dinero y se les dio la opción de gastarlo en sí mismos o en otra persona. Los investigadores descubrieron que sus participantes se sentían más felices al recordar una ocasión en la que habían comprado algo para otra persona, con independencia del importe. Además, cuanta más satisfacción experimentaban al rememorar su generosidad pasada, mayor era la probabilidad de que eligieran gastar el dinero que se les daba en otra persona.[24] Así, tal como afirma la Biblia: «Más bienaventurado es dar que recibir» (*Hechos*, 20:35).

Mira hacia el prójimo

En pocas palabras, la investigación ha demostrado que las personas más felices son las que se enfocan hacia los demás, prestando más atención a quienes ayudan que a sí mismas.[25]

La siguiente oración atribuida a san Francisco de Asís, aunque es probable que no fuera suya, sigue siendo un consejo respaldado por la ciencia para alcanzar la felicidad. La próxima vez que te sientas triste o presa del abatimiento, recítala para tus adentros o prueba con alguna otra oración o meditación similar, como la «Meditación de bondad amorosa».

ORACIÓN POR LA PAZ, DE SAN FRANCISCO
Oh, Señor, hazme un instrumento de tu paz.
Donde haya odio, que lleve yo el amor.
Donde haya ofensa, que lleve yo el perdón.
Donde haya discordia, que lleve yo la unión.
Donde haya duda, que lleve yo la fe.
Donde haya error, que lleve yo la verdad.
Donde haya desesperación, que lleve yo la alegría.
Donde haya tinieblas, que lleve yo la luz.

Oh, Maestro, que yo no busque tanto el consuelo como
    consolar;
que me comprendan, sino comprender;
que me amen, sino amar.

Porque es dando como se recibe;
perdonando que se nos perdona;
muriendo que se resucita a la vida eterna.
Amén.

Al dirigir tu atención hacia aquello por lo que sientes agradecimiento (por ejemplo, las personas que te dan alegría y tus propios logros), notarás como disminuyen las preocupaciones, la ansiedad, la ira y la negatividad, y estarás en el buen camino para sentirte mejor.

CAPÍTULO 4

EL SECRETO

Cómo superar la ansiedad para siempre

---

*La principal función del cuerpo humano
es llevar el cerebro de un lado a otro.*

THOMAS EDISON

HASTA EL MOMENTO HEMOS CENTRADO LA atención en técnicas y estrategias para ayudarte a sentirte mejor, con menos ansiedad y mayor equilibrio emocional en *el ahora*. Hemos abordado distintas técnicas de respiración y algunos ejercicios de visualización para ayudarte a recuperar la calma en los momentos más difíciles. También hemos tratado en profundidad el poder destructivo de los pensamientos negativos automáticos (PNA) y hemos examinado las estrategias para defenderte de ellos. Por último, hemos hablado sobre el poder curativo del amor y la gratitud.

Sin embargo, como psiquiatra y especialista en escáneres cerebrales, puedo asegurarte que el secreto para dejar atrás la ansiedad, ahora y para el resto de tu vida, consiste en trabajar para mejorar el funcionamiento físico de tu cerebro.

La pieza ausente

Los profesionales de la medicina han intentado someter al cerebro con medicamentos desde más o menos 1950. Y los resultados han sido en general bastante pobres, porque lo que demasiadas veces pasan por alto es que, para sanar el cerebro, antes es fundamental tratar factores como el sueño, las toxinas, la alimentación, el ejercicio o los suplementos alimentarios.

El doctor Thomas Insel, exdirector del National Institute of Mental Health, señala: «La triste realidad es que los medicamentos actuales ayudan a muy pocas personas a mejorar, y a menos todavía a recuperarse por completo».[1] A diferencia de los antibióticos, que son capaces de curar infecciones, ninguna medicación para el cerebro cura nada en absoluto; son como un vendaje temporal que pierde eficacia en cuanto se retira. Además, muchos de estos medicamentos son adictivos; una vez que empiezas a tomarlos, modifican la química de tu cerebro y ya los necesitas para sentirte «normal».

Si te soy sincero, en los primeros años de mi carrera profesional también infravaloré la salud cerebral; lo hice durante casi una década, hasta que nuestro grupo en las Clínicas Amen descubrió otra forma más práctica de tratar el cerebro. Antes de empezar a trabajar con escáneres cerebrales en 1991, me había formado y graduado como psiquiatra general, especializado en infancia y adolescencia. Atendía, pues, a esa población, además de adultos y mayores, con una amplia gama de trastornos de salud mental, como depresión, trastorno bipolar, autismo, situaciones de violencia, conflictos de pareja, fracaso escolar y TDAH.

Por aquel entonces, trabajaba un poco a ciegas y no le prestaba demasiada atención al funcionamiento físico del cerebro de mis pacientes. Los investigadores académicos nos decían que los escáneres cerebrales aún no estaban listos para ser empleados en la práctica médica, que tal vez lo estarían en el futuro.

Me encantaba ser psiquiatra, pero también era consciente de que estábamos ignorando una pieza clave del puzle. La psiquiatría era (y, por desgracia, todavía es) una disciplina ambigua, con muchas teorías compitiendo para explicar los problemas que nuestros pacientes experimentaban.

En la universidad, mientras hacía mi residencia en psiquiatría y mi especialización en psiquiatría infantil y juvenil, me enseñaron que, aunque no comprendamos del todo las causas de las enfermedades psiquiátricas, estas, con toda probabilidad, son el resultado de una combinación de factores, entre ellos los siguientes:

- **Genética** (aunque nadie sabía entonces qué genes eran los responsables).
- **Química cerebral alterada** (estas alteraciones se podían tratar con muchos tipos de medicación, pero solo por un tiempo).
- **Crianza tóxica o experiencias traumáticas en la infancia** (si bien algunas personas tenían buena salud mental a pesar de haber crecido en entornos violentos, mientras que otras no).
- **Patrones negativos de pensamiento** (pero corregirlos no aseguraba el éxito en todos los pacientes).

La imposibilidad de recurrir a los escáneres cerebrales fomentó una psiquiatría a ciegas que mantuvo a mi profesión atrapada en teorías obsoletas y en la estigmatización perpetua de los pacientes. Con frecuencia me preguntaba por qué cualquier otro especialista médico podía consultar las imágenes de los órganos que trataba (los cardiólogos, por ejemplo, escaneaban el corazón, los gastroenterólogos echaban un vistazo a los intestinos y los traumatólogos poseían imágenes detalladas de articulaciones y huesos), mientras que los psiquiatras solo podíamos barruntar qué ocurría en la mente de nuestros pacientes hablando con ellos. Para colmo, teníamos que trabajar con el órgano más complejo del cuerpo humano: el cerebro.

Los escáneres lo cambiaron todo

En 1991, mi mundo dio un giro de 180 grados. Mi falta de respeto hacia el cerebro desapareció de un plumazo al empezar a analizar ese órgano en mis pacientes con una técnica de medicina nuclear denominada SPECT (una tomografía por emisión de fotón único). A diferencia de las tomografías computarizadas (TC o TAC) o las resonancias magnéticas (RM), que examinan la anatomía o estructura del cerebro, los escáneres SPECT analizan sus funciones.

Los escáneres SPECT responden así a una pregunta fundamental sobre cada área del cerebro: ¿funciona de manera óptima, está hipoactiva o hiperactiva? Según sean nuestros hallazgos, podemos estimular las zonas hipoactivas o regular las hiperactivas mediante suplementos, medicamentos, terapias eléctricas u otros tratamientos, todos enfocados en optimizar el rendimiento cerebral. Además, ayudamos a los pacientes a preservar la salud de las áreas que ya funcionan de un modo correcto.

Nada más empezar a analizar escáneres me entusiasmé por el potencial que poseían esas imágenes para ayudar a mis pacientes, a mi familia y a mí mismo. Los escáneres me permitían ejercer mejor mi profesión, porque gracias a ellos podía observar las funciones cerebrales de mis pacientes; era capaz de ver si su cerebro estaba sano y saber si los síntomas que manifestaban eran el resultado de problemas psicológicos, sociales o espirituales, en vez de ser causados por anomalías biológicas. Podía saber si había algún traumatismo físico, fruto de una contusión en la cabeza (que a su vez había causado problemas en un área específica del cerebro), o si había evidencias de exposición a toxinas por culpa de las drogas o el alcohol (las personas drogodependientes raras veces admiten sus adicciones, pero es difícil negarlas si puedes ver los daños que provocan en el cerebro), o bien otras toxinas como mercurio, plomo o moho. Además, podía observar incluso si mis pacientes trabajaban en exceso, factor que está relacionado con los problemas de ansiedad y los trastornos obsesivo-compulsivos.

Estaba tan fascinado con la neuroimagen que hice escáneres a varios miembros de mi familia, incluida mi madre, entonces de sesenta años y cuyo escáner SPECT fue uno de los más saludables que había visto; reflejaba perfectamente su vida: madre de siete hijos, abuela y bisabuela, siempre ha sido el pilar y la mejor confidente de todos. Cuando escribo esto lleva 68 años de matrimonio con mi padre y sigue destacando por su amor incondicional, su profundo sentido de conexión con los demás, su enfoque inquebrantable y su éxito en todas las facetas de la vida. Además, ha sido campeona de golf en su club y una de las jugadoras más destacadas durante más de 50 años.

Tras escanear a mi madre llegó mi turno, y los resultados no fueron tan positivos. Había jugado a fútbol americano en el instituto y contraje la meningitis en el ejército; además, tenía muchos hábitos nocivos para el cerebro, como dormir menos de ocho horas cada noche, tener sobrepeso, consumir mucha comida basura y padecer estrés crónico, tanto en el trabajo como en casa. Al comparar ambos escáneres sentí envidia del cerebro de mi madre y me prometí cuidarme más. A partir de ahí, uno de los propósitos fundamentales de mi vida ha sido tener un cerebro más sano y enseñar a los demás a tenerlo también. Cuando volvieron a escanear mi cerebro 20 años después, estaba mucho más saludable.

Ahora, casi tres décadas después de que empezáramos a estudiar el cerebro en las Clínicas Amen, hemos desarrollado la base de datos más grande del mundo, con más o menos 160.000 escáneres SPECT efectuados a pacientes de 121 países. Nuestra investigación ha demostrado de manera contundente que un funcionamiento cerebral deficiente está estrechamente vinculado a una mayor incidencia de los siguientes resultados:

- tristeza
- ansiedad
- miedo
- pánico
- niebla mental
- dificultad para concentrarse
- adicciones
- violencia doméstica
- encarcelamiento
- soledad
- comportamientos suicidas
- violencia
- fracaso escolar
- divorcio
- demencia

En cambio, una función cerebral saludable está relacionada con mejoras en valores como los siguientes:

- felicidad
- alegría
- energía
- resiliencia
- concentración
- longevidad
- relaciones saludables
- rendimiento académico
- éxito profesional
- gestión de la riqueza
- creatividad

Hablando en plata, puedes tener la seguridad de que, a medida que tu cerebro se vuelva más saludable, experimentarás menos problemas de los mencionados en la primera lista y más recompensas de la segunda. Y conforme estos valores positivos se afiancen notarás cambios significativos en tu conducta, en tu capacidad para afrontar desafíos y en tu propósito vital.

La pregunta más importante que puedes plantearte

Para sentirte bien y llegar a ser tu mejor versión necesitas amar y cuidar al supercomputador que tienes entre las orejas. Sin embargo, muy pocas personas se preocupan por la salud de su cerebro, simplemente porque no pueden verlo. Puedes ver las arrugas de tu piel, la grasa de tu abdomen o las canas de tu pelo, pero pocas personas sienten la necesidad de observar su cerebro (con escáneres cerebrales) y la mayoría simplemente no le presta la debida atención. Por eso no lo cuidan y, en consecuencia, suelen adoptar hábitos nocivos, como beber en exceso, fumar, consumir comida basura y no priorizar el descanso recomendado.

Sin embargo, cuando empiezas a querer a tu cerebro tu vida da un vuelco, porque se te despierta una especie de urgencia por cuidar de él. Piénsalo bien: si tuvieras un Ferrari de 300.000 euros, ¿llenarías el depósito con azúcar

Pregúntate: ¿esta decisión beneficia o perjudica a mi cerebro?

o sal? ¿Lo exprimirías al máximo sin preocuparte por su mantenimiento? ¡Por supuesto que no! ¿Y acaso tu cerebro no es mucho más valioso que un simple coche? Claro que sí. Tu cerebro necesita tu amor y tus cuidados; de lo contrario, nunca será capaz de cuidar de ti.

Dicho esto, ¿cómo puedes empezar a amar a tu cerebro ahora mismo? Es muy sencillo. *Cuando tengas que tomar cualquier decisión a lo largo del día, pregúntate: ¿esta decisión beneficia o perjudica a mi cerebro?*

Por ejemplo, imagina que has discutido con tu pareja. ¿Qué deberías hacer?

1. ¿Dejarte llevar por el rencor y decirle lo primero que te venga a la mente?
2. ¿Comerte una rosquilla para calmar los nervios?
3. ¿Dar un paseo para recuperar la calma y pensar qué puedes hacer para reconducir la situación?

¿Y qué harías si tu cartera de inversiones cayera tras un desplome bursátil?

1. ¿Pasar la noche en vela analizando tu próximo movimiento?

2. ¿Dormir al menos siete horas para descansar lo suficiente y tomar decisiones más acertadas al día siguiente?
3. ¿Fumar marihuana para relajarte?

O imagínate que tu jefe te dice que no está satisfecho con tu trabajo. ¿Cómo reaccionarías?

1. ¿Te saltarías el almuerzo para trabajar el doble?
2. ¿Te desahogarías con tus colegas sobre lo injusto que es tu jefe mientras te tomas una cerveza y te atiborras de nachos?
3. ¿Darías un paseo para despejarte y al regresar le pedirías algo de feedback para mejorar?

Si lo piensas bien, es bastante simple, ¿verdad? En esencia, si en el momento de elegir adoptas el hábito de preguntarte: «¿Esta decisión beneficia o perjudica a mi cerebro?», y optas por lo que favorezca su salud, te sentirás mejor, reducirás la ansiedad y gozarás de una mejor preparación para afrontar cualquier desafío que se cruce en tu camino.

Evita cualquier circunstancia que dañe tu cerebro
Uno de los hombres más ricos del mundo, Warren Buffett, tiene dos reglas para invertir dinero. La primera es «nunca

pierdas dinero»; y la segunda, «no olvides nunca la primera regla». Bien, pues las reglas para mantener tu salud cerebral son parecidas. Primera: «nunca pierdas neuronas»; segunda: «no olvides nunca la primera regla».

Créeme, la pérdida de neuronas es mucho más difícil de subsanar que cualquier pérdida económica.

En la facultad de Medicina nos enseñaban que nacemos con un número determinado de neuronas y que, una vez perdidas, no pueden recuperarse. Aunque hoy en día sabemos que esto no es del todo cierto, la verdad es que solo unas pocas áreas del cerebro generan nuevas neuronas a diario. Por eso es esencial hacer lo posible para preservar las que ya tienes.

En mi libro *Memory Rescue: Supercharge Your Brain, Reverse Memory Loss, and Remember What Matters Most* creé el acrónimo BRIGHT MINDS (que solo tiene sentido en inglés) para ayudarte a recordar los principales once factores de riesgo que destruyen neuronas y pueden causar deterioro cognitivo. Adoptando las estrategias adecuadas, serás capaz de evitar o al menos minimizar casi todos estos factores de riesgo, incluidos los que parecen fuera de tu control (como la predisposición genética).

Aquí tienes un resumen de los factores de riesgo de **BRIGHT MINDS**. Los que aparecen marcados con un asterisco (*) pueden proporcionar un alivio momentáneo, pero a largo plazo resultan perjudiciales.

Flujo sanguíneo (*Blood Flow*). El flujo sanguíneo es crucial para la vida, ya que la sangre transporta nutrientes para las neuronas y elimina las toxinas. Un flujo sanguíneo bajo encoge el cerebro y destruye neuronas; de hecho, es uno de los principales indicadores del alzhéimer. En realidad, cualquier factor que dañe tus vasos sanguíneos privará al cerebro de los nutrientes que necesita.

Riesgos para el flujo sanguíneo que pueden afectar a tu cerebro

- Consumo excesivo de cafeína.*
- Nicotina.*
- Deshidratación.
- Hipertensión.
- Falta de ejercicio.*

Jubilación/envejecimiento (*Retirement/aging*). Los riesgos para el cerebro aumentan con la edad. Y cuando dejas de relacionarte con los demás tu cerebro empieza a desfallecer.

Riesgos de la jubilación o el envejecimiento que pueden afectar a tu cerebro

- Soledad y asilamiento.
- Permanecer en un trabajo en el que no haya novedades.
- Una jubilación sin proyectos para el futuro.

Inflamación (*Inflammation*). La inflamación crónica es como un ascua que consume poco a poco tus órganos. Aquí tienes una lista de riesgos que fomentan la inflamación.

Riesgos de la inflamación que pueden afectar a tu cerebro

- Permeabilidad intestinal.
- Enfermedad periodontal.
- Bajos niveles de ácidos grasos omega-3.
- Altos niveles de ácidos grasos omega-6.
- Proteína C reactiva elevada.
- Comida rápida y ultraprocesada, dieta proinflamatoria.*

Genética (*Genetics*). La herencia genética es relevante, pero el estilo de vida resulta mucho más determinante. Como veremos, los riesgos genéticos no suponen una condena a muerte, más bien pueden convertirse en una llamada de atención para mejorar la salud del cerebro.

Riesgos genéticos que pueden afectar a tu cerebro

- Antecedentes familiares de deterioro cognitivo, demencia, enfermedad de Parkinson o trastornos de salud mental.
- Apolipoproteína E (APOE) gen e4 (una o dos copias incrementan el riesgo de problemas cognitivos).

Traumatismo craneal (*Head Trauma*). El cerebro es blando, tiene la consistencia de la margarina y se aloja en un cráneo robusto que cuenta con muchas crestas óseas afiladas. Los traumatismos en la cabeza, como las contusiones (incluso las más leves), pueden dañar tus neuronas y ocasionar problemas cognitivos.

Riesgos de los traumatismos craneales que pueden afectar a tu cerebro

- Antecedentes de una o más lesiones en la cabeza, con o sin pérdida de consciencia.
- Practicar deportes de contacto,* incluso sin haber sufrido una conmoción cerebral.
- Actividades que incrementan el riesgo de traumatismo cerebral, como enviar mensajes mientras conduces* o subirte a un tejado (mejor no lo hagas, a menos que sea absolutamente seguro).

Toxinas (*Toxins*). La exposición a sustancias tóxicas es una de las causas más comunes de deterioro cognitivo. El cerebro es el órgano más activo del cuerpo desde el punto de vista metabólico, y eso lo convierte en el más vulnerable a una larga lista de toxinas. Los productos cosméticos son especialmente peligrosos, porque aquello que absorbe tu cuerpo acaba formando parte de él.

Riesgos de las toxinas que pueden afectar a tu cerebro

- Nicotina (fumar cigarrillos, masticar tabaco, vapear).*
- Abuso de drogas, incluida la marihuana,* que aumenta el riesgo de psicosis en adolescentes,[2] disminuye la motivación y el rendimiento escolar, y reduce el flujo sanguíneo que llega al cerebro, sobre todo en áreas vulnerables a la enfermedad de Alzheimer.[3]
- Consumo moderado o excesivo de alcohol.
- Muchos medicamentos legales, como benzodiacepinas, pastillas para dormir y analgésicos tomados de forma continuada.
- Exposición a pesticidas en el aire o en los alimentos; se ha demostrado recientemente que disminuye la liberación de serotonina y dopamina en el cerebro.[4]

- Tóxicos ambientales como moho, monóxido de carbono o contaminación del aire o el agua.
- Productos de cuidado personal (como champús y desodorantes) elaborados con parabenos, ftalatos o compuestos de polietilenglicol.*
- Aditivos alimentarios artificiales, colorantes y conservantes.
- Beber o comer de envases de plástico.
- Metales pesados, como plomo o mercurio.
- Anestesia general (es recomendable usar anestesia local o espinal para las intervenciones quirúrgicas siempre que sea posible).
- Manipular recibos de caja registradora (ya que el recubrimiento plástico puede penetrar en el organismo a través de la piel).

Salud mental (*Mental health*). Los problemas mentales sin tratamiento, como el estrés crónico, la ansiedad, el trastorno bipolar o las adicciones, están relacionados con el deterioro cognitivo y la muerte temprana.

Riesgos de los problemas de salud mental que pueden afectar a tu cerebro

- Estrés crónico.
- Depresión.

- Trastornos de ansiedad.
- Trastorno por déficit de atención e hiperactividad (TDAH).
- Trastorno de estrés postraumático (TEPT).
- Trastorno bipolar.
- Esquizofrenia.
- Adicciones (drogas, alcohol, sexo).*
- Adicción a los dispositivos electrónicos.*
- Pensamiento negativo.

Inmunidad/infecciones (*Immunity/Infections*). Son causas bastante comunes de disfunción cerebral, aunque con frecuencia se las pasa por alto.

Riesgos de problemas inmunitarios o infecciones que pueden afectar a tu cerebro

- Síndrome de fatiga crónica.
- Enfermedades autoinmunes como artritis reumatoide, esclerosis múltiple o lupus.
- Infecciones no tratadas, como la enfermedad de Lyme, la sífilis o el herpes.
- Hacer senderismo* por lugares donde te pueda picar una garrapata.
- Nivel bajo de vitamina D.

Problemas hormonales (*Neurohormone issues*). Cuando el equilibrio hormonal se ve alterado, tu cerebro sufre las consecuencias.

Riesgos asociados con los problemas hormonales que agotan a tu cerebro

- Hipo o hipertiroidismo.
- Bajos niveles de testosterona (en hombres y mujeres).
- Bajos niveles de estrógenos y progesterona (en mujeres).
- Niveles altos de cortisol.
- Disruptores endocrinos como BPA, ftalatos, parabenos y pesticidas.
- Proteína* de animales criados con hormonas o antibióticos que pueden alterar tus hormonas.
- Azúcar,* que interfiere con las hormonas.

Diabesidad (*Diabesity*). El término describe una combinación de diabetes o prediabetes y sobrepeso u obesidad. La dieta estándar estadounidense es una de las principales causas de la *diabesidad*, que contribuye a mantener niveles elevados de azúcar en la sangre. A su vez, tales niveles dañan los vasos sanguíneos, provocan inflamación y alteraciones hormonales, además de favorecer el almacenamiento de toxinas, todo lo cual perjudica al cerebro.

Riesgos de la diabesidad que afectan a tu cerebro

- Diabetes o prediabetes.
- Niveles altos de azúcar en sangre en ayunas o HbA1c (hemoglobina A1c).
- Sobrepeso u obesidad.
- Seguir la dieta estándar estadounidense,* a base de alimentos procesados, azúcar y grasas no saludables.
- Beber zumos de frutas* (altos en azúcar).

Problemas de sueño (*Sleep issues*). Todos los problemas de sueño son una causa significativa de disfunción cerebral, pero en especial lo son el insomnio crónico y la apnea del sueño. Durante el sueño, el cerebro se limpia de residuos, de modo que sin un descanso adecuado los desechos se acumulan, lo que afecta de forma negativa al cerebro.

Trastornos del sueño que afectan a tu cerebro

- Insomnio crónico.
- Uso prolongado de medicamentos hipnóticos.*
- Apnea obstructiva del sueño.

- Consumo de alimentos o bebidas con cafeína después de las 2 p. m.*
- Dormir en una habitación demasiado cálida.
- Exposición a luz o ruido durante la noche.
- Dispositivos electrónicos* que interrumpen el sueño.
- Horarios de sueño irregulares.
- Estrés o enfado antes de dormir.

Adopta hábitos saludables para el cerebro
Ahora que ya sabes qué factores de riesgo debes evitar, es imprescindible que empieces a adoptar hábitos saludables para echarle una mano a tu cerebro y que funcione de la mejor manera posible.

A continuación, te presento diez hábitos para empezar:

1. **Preocúpate, pero solo lo imprescindible.** Según uno de los estudios sobre longevidad más extensos jamás publicados, la gente con una mentalidad «don't worry, be happy» muere antes por accidentes o enfermedades evitables. Para ser felices necesitamos, pues, un poco de ansiedad, aunque mucha resulta perjudicial. Un nivel adecuado de ansiedad nos ayuda a tomar mejores decisiones, y al final la calidad de tus decisiones determina la salud de tu cerebro y del resto de tu cuerpo.

Asegúrate de marcarte metas claras, dormir al menos siete horas cada noche y mantener equilibrados tus niveles de azúcar en sangre, consumiendo proteínas y grasas en cada comida; los niveles bajos de azúcar en sangre están vinculados a decisiones erróneas. Además, es importante que te rodees de gente que lleve un estilo de vida saludable: uno se convierte en el reflejo de las personas con las que pasa más tiempo, por eso hacerlo con quienes cuidan su cerebro es una excelente forma de preservar la salud del tuyo.

2. **Come sano y haz ejercicio.** Al menos dos veces por semana muévete y practica deportes saludables que requieran coordinación y movimientos complejos (como danza, tenis de mesa, tenis, artes marciales —sin contacto en la cabeza—, golf, taichí, qi gong o yoga). Y no olvides hidratarte: bebe entre cinco y ocho vasos de agua al día y reemplaza tu café matutino por un té verde descafeinado. Agrega sabor a tus comidas con pimienta de cayena o romero, y consume hasta ocho porciones de frutas y verduras diarias; existe una correlación directa que demuestra que esto incrementará tu nivel de felicidad.

3. **Aprende algo nuevo cada día.** Comienza a tocar un instrumento musical, aprende nuevos pasos de baile,

un idioma o una habilidad culinaria. Apúntate a un curso nocturno en la universidad local u ofrece clases de forma voluntaria en la biblioteca o centro vecinal de tu barrio. De este modo no solo tendrás la oportunidad de hacer nuevas amistades, sino que, al involucrarte en actividades diferentes, estimularás tu cerebro y mejorarás tu capacidad de concentración.

4. **¡Ten cuidado con la cabeza!** Siempre que viajes en algún vehículo, abróchate el cinturón. Y ponte el casco cuando practiques deportes como el esquí o el ciclismo. Recuerda, una simple contusión multiplica por tres el riesgo de suicidio.[5]

5. **Desintoxica tu cuerpo.** Siempre que sea posible, opta por alimentos orgánicos y productos cosméticos saludables. (Aplicaciones como Think Dirty y Healthy Living pueden ayudarte a escanear tus productos de cuidado personal y eliminar la mayor cantidad posible de ingredientes tóxicos). Por otro lado, limita el consumo de alcohol y ayuda a funcionar mejor a los cuatro órganos encargados de la desintoxicación del organismo:

Riñones: bebe más agua.

Hígado: consume verduras desintoxicantes como repollo, coliflor y coles de Bruselas.

Intestinos: aumenta tu ingesta de fibra.

Piel: haz ejercicio para sudar o toma una sauna.

6. **Haz ejercicios para gestionar el estrés.** En cuanto te levantes de la cama, repite mentalmente: «¡Hoy va a ser un gran día!». Luego, anota tres cosas por las que sientas agradecimiento, todos los días. Sal a pasear por la naturaleza (o al menos al aire libre), y cada vez que te sientas triste, con ansiedad o fuera de control, pon por escrito tus pensamientos negativos. Y en lugar de quedarte dándoles vueltas, acuérdate de esta cita de Filipenses, 4:8: «Por último, hermanos, consideren bien todo lo verdadero, todo lo respetable, todo lo justo, todo lo puro, todo lo amable, todo lo digno de admiración, en fin, todo lo que sea excelente o merezca elogio».

7. **Refuerza tu sistema inmune.** Sigue una dieta de desintoxicación durante un mes para identificar posibles alergias alimentarias (como al gluten, los lácteos, los frutos secos, los huevos, etc.) que podrían estar afectando a tu sistema inmunitario. Incorpora alimentos que fortalezcan la inmunidad, como cebollas, champiñones y ajo, y añade vitaminas D, B, C y E a tu rutina diaria.

8. **Fortalece tu sistema hormonal.** En general, es recomendable hacerse análisis hormonales con cierta periodicidad, incorporar fibra a la dieta para eliminar las formas nocivas de estrógeno, y tomar zinc (para aumentar la liberación de testosterona) y suplementos de ashwagandha (para reducir el cortisol y apoyar la función tiroidea). Considera, también, empezar una terapia de reemplazo hormonal cuando sea necesario.

9. **Controla tu peso.** Mantén un peso saludable; si tienes sobrepeso, elabora un plan junto a tu médico para perder esos kilos de más de forma gradual y segura. Intenta empezar una dieta que sea beneficiosa para el cerebro, compuesta por carbohidratos de bajo índice glucémico y altos en fibra; hojas verdes y frutas, bayas y verduras de colores vivos; proteínas magras que estabilicen el azúcar en sangre y reduzcan los antojos, y una variedad de especias con cualidades curativas (como albahaca, pimienta negra y de cayena, canela, clavo, ajo, jengibre, orégano, romero, salvia, tomillo y cúrcuma). Conoce tu índice de masa corporal (IMC) y revísalo una vez al mes, además de masticar chicle sin azúcar para mejorar el flujo de oxígeno y sangre hacia el cerebro.[6]

10. Duerme más. Intenta lograr al menos siete horas de sueño profundo e ininterrumpido cada noche. Verás que te ayuda si enfrías un poco tu hogar antes de dormir, apagas el teléfono y otros dispositivos electrónicos —o los mantienes alejados de tu cabeza por la noche—, oscureces tu habitación con cortinas bloqueadoras de luz, y tomas suplementos de melatonina y magnesio o 5-HTP (si las preocupaciones te impiden dormir) antes de acostarte.

Dosifica tus esfuerzos

Sí, lo sé, ahora cuentas con muchas estrategias para tener un cerebro saludable. Pero mi objetivo es que te hagas cargo de la responsabilidad de tu salud cerebral, no que te abrume esa responsabilidad. Existen muchas decisiones cotidianas (por pequeñas que sean) que puedes tomar para mejorar la salud de tu cerebro y mantener a raya la preocupación y la ansiedad, ¡y todas están al alcance de tu mano!

Comienza con algunas estrategias e incorpora otras conforme avances. Antes de que te des cuenta formarán parte de tu rutina de tal manera que ni siquiera necesitarás pensarlo. Ten siempre presente esta pregunta clave: *¿Esto es beneficioso o perjudicial para mi cerebro?* Y siempre (y con esto quiero decir siempre) elige lo que sea más beneficioso.

Al terminar este libro espero que hayas encontrado el valor para amarte y amar a los demás lo suficiente como para aplicar de forma paulatina los cambios necesarios en tu vida. Tu camino hacia la salud cerebral no solo te ayudará a superar la ansiedad, sino que también mejorará tu bienestar físico, emocional y espiritual, y dejará un legado duradero de amor, gratitud y buena salud para quienes te rodean.

APÉNDICE A

Pedir ayuda profesional

¿Cuándo es el momento indicado para pedir ayuda profesional?
Es relativamente fácil de identificar. Yo recomiendo buscar ayuda profesional cuando tu conducta, tus sentimientos o tus pensamientos interfieran con tu habilidad para interactuar con el mundo (es decir, con tus relaciones, en el trabajo o contigo) y las técnicas de autoayuda, como las que aparecen en este libro, no hayan resultado suficientes para aliviar tus problemas.

¿Qué debería hacer si un ser querido se niega a recibir ayuda profesional?
Por desgracia, el estigma asociado a los trastornos mentales es un obstáculo para que muchas personas busquen ayuda. La gente quiere evitar que la relacionen con la

locura, la estupidez o un funcionamiento defectuoso, y no suelen pedir ayuda hasta que sus seres queridos son incapaces de tolerar el sufrimiento que les provoca el trabajo, sus relaciones o su propio ser.

Aquí tienes algunas sugerencias para aquellas personas que piensan que no pueden recibir ayuda o que se niegan a aceptarla:

1. *Empieza con un enfoque directo* (pero céntrate en la salud del cerebro). Dile con claridad a esa persona qué comportamientos te preocupan y señala que podrían estar relacionados con patrones cerebrales subyacentes que pueden mejorarse. Destaca que existe ayuda disponible, no para corregir un defecto, sino para mejorar el funcionamiento del cerebro. Recuérdale que sabes que está intentando mejorar, pero que ciertos pensamientos, emociones o conductas podrían estar dificultando su éxito. Orienta la conversación hacia las soluciones y la posibilidad de pedir ayuda, y no hacia posibles fallos o limitaciones.

2. *Proporciona información de calidad.* Los libros, vídeos y artículos relacionados con los temas que te preocupan pueden ser de gran ayuda. Muchas personas acuden a mi consulta porque han leído uno de mis libros o artículos, o porque han visto algunos de mis vídeos.

La información de calidad puede ser muy persuasiva, en especial si se presenta de forma positiva y de una manera que fomente las ganas de mejorar.

3. *Planta las semillas.* Cuando alguien se niega a recibir ayuda incluso después de hablar con él o ella y ofrecerle información precisa, lo mejor es que plantes una serie de semillas (ideas) sobre recibir ayuda y que no olvides regarlas (recordárselas) con regularidad. Pero tampoco insistas demasiado; si lo haces es posible que se cierre en banda y oponga más resistencia todavía.

4. *Prioriza tu relación con la otra persona.* La confianza es clave: las personas son más receptivas con quienes las apoyan que con quienes las critican o atosigan sin cesar. Nadie acepta con facilidad comentarios negativos de alguien en quien no confía. De modo que construye esa confianza con paciencia y autenticidad; así será más probable que escuche tus sugerencias. Otro aspecto clave es que no centres tus conversaciones solo en la búsqueda de ayuda: interésate de forma genuina por su vida en general, más allá de posibles tratamientos o citas médicas.

5. *Ofrece una nueva perspectiva basada en la esperanza.* Muchas personas con problemas de salud mental han

intentado buscar ayuda sin éxito o, en algunos casos, incluso han empeorado. Infórmale sobre los avances en neurociencia y tecnología aplicada al cerebro, que permiten a los profesionales ofrecer tratamientos más precisos y efectivos. Mostrarle nuevas posibilidades puede abrirle la puerta a un enfoque renovado y alentador.

6. *Hay un momento en el que debes decir: «Hasta aquí».* Si, con el tiempo, la otra persona se sigue negando a buscar ayuda y su comportamiento perjudica tu bienestar, puede que la mejor decisión sea distanciarte. Permanecer en una relación tóxica no solo afectará a tu salud, también puede perpetuar el problema, impidiendo que la otra persona tome medidas para mejorar. De hecho, he visto casos en los que la mera amenaza o el acto de marcharse han sido un catalizador para el cambio, ya sea en problemas de adicción, TDAH o trastorno bipolar. Desde luego, no es la primera estrategia que recomendaría, pero en ciertos casos puede ser la más eficaz.

7. *Comprende que no puedes obligar a nadie a recibir tratamiento*, a menos que represente un peligro para su persona o para los demás, o que sea incapaz de valerse por sí mismo/a. Recuerda que solo puedes hacer lo que está bajo tu control. Por suerte, hoy en día

contamos con muchas más herramientas y recursos que hace una década.

¿Cómo encontrar un profesional competente?
En las Clínicas Amen recibimos cada semana muchos correos electrónicos, mensajes a través de las redes sociales o llamadas de personas de todo el mundo que buscan ayuda profesional cerca de su hogar, con unos principios parecidos a los míos y que utilice alguna de las técnicas que aparecen en este libro. Dado que algunos de estos principios aún se encuentran entre los avances más recientes en neurociencia, puede ser difícil encontrar profesionales especializados en cualquier parte. Sin embargo, dar con el especialista más adecuado para la evaluación y el tratamiento es fundamental en cualquier proceso de recuperación, mientras que una elección equivocada puede agravar la situación. Para aumentar las posibilidades de encontrar al mejor profesional puedes seguir estos pasos:

1. *Busca al mejor profesional disponible.* Tratar de ahorrar dinero al inicio del tratamiento puede resultar más costoso a largo plazo. La ayuda adecuada no solo es una valiosa inversión, sino que también previene el sufrimiento innecesario. No elijas a un médico o terapeuta solo porque está dentro de tu presupuesto o

seguro privado; podría no ser la mejor opción para ti, y no deberías conformarte con alguien que no se ajuste a tus necesidades. Si lo cubre tu seguro, excelente, pero no permitas que ese sea el único criterio de selección, si puedes evitarlo.

2. *Recurre a un especialista.* La neurociencia avanza a un ritmo vertiginoso, y los especialistas se actualizan con los últimos descubrimientos, mientras que los médicos generalistas deben abarcar múltiples áreas de conocimiento. Si yo tuviera una arritmia cardíaca, acudiría a un cardiólogo y no a mi médico de atención primaria. Y es así porque quiero ser atendido por alguien con experiencia en cientos (e incluso miles) de casos como el mío.

3. *Investiga las referencias de los profesionales que cuenten con un conocimiento profundo de tu problema.* Con frecuencia, los facultativos de medicina general, con toda su buena intención, nos dan información errónea. Sin ir más lejos, he conocido a muchos médicos y también a profesionales de la educación que minimizan la importancia de la dieta, los suplementos y los cambios en el estilo de vida. Por tanto, puede ser útil que consultes a un especialista en medicina funcional o integrativa, que cuente con formación

concreta y quizá pueda derivarte a otros profesionales si es necesario.

4. *Una vez que tengas una lista de los profesionales adecuados, verifica sus credenciales.* Las juntas médicas estatales mantienen registros públicos de cualquier problema legal o ético que puedan haber tenido.

5. *Concierta una cita con el profesional para evaluar si deseas trabajar con él o ella.* En general deberás pagar por esa primera consulta, pero es una inversión valiosa para conocer a las personas en las que confiarás tu salud. Si sientes que la conexión no es la adecuada, continúa buscando.

6. *Lee artículos de esos profesionales o asiste a sus charlas.* Muchas de estas personas publican artículos o libros, o participan como ponentes en seminarios, congresos o asociaciones locales. Al leer sus textos o escuchar sus discursos te harás una mejor idea de qué tipo de personas son y de su capacidad para ayudarte.

7. *Busca a un profesional que te trate con respeto, que escuche tus preguntas y que responda a tus necesidades.* Es fundamental dar con una relación que sea colaborativa y basada en la confianza.

Soy consciente de que encontrar a un profesional que cumpla todos estos requisitos y que, además, tenga una formación adecuada para abordar los problemas relacionados con la fisiología del cerebro no es sencillo; pero sí es posible. Así que no tires la toalla. Un profesional adecuado es fundamental para recuperarse.

APÉNDICE B

20 pequeños hábitos que pueden ayudarte a sentirte mejor con rapidez

LA PUESTA EN PRÁCTICA DE CADA uno de estos hábitos requiere menos de diez minutos. Además, como son aplicables a tu forma habitual de actuar, pensar o sentir, es muy probable que se vuelvan automáticos. Una vez que los cumplas, encuentra una forma de reforzarlos positivamente: dibuja una carita feliz, levanta el puño o haz lo que te resulte más natural. La emoción facilita que el cerebro los retenga.

1. Siempre que experimente ansiedad o estrés, respiraré hondo tres veces y me visualizaré en un refugio seguro o en un lugar que me trasmita tranquilidad.

2. Al sostener la mano de mi pareja o de mi hija o hijo, imaginaré el calor que fluye entre nosotros.

3. Cuando empiece a irritarme, contemplaré imágenes de la naturaleza.

4. Cuando me sienta triste, pondré la lista de reproducción que preparé para subirme el ánimo.

5. Antes de dormir, rezaré o haré una breve «Meditación de bondad amorosa».

6. En cada comida me preguntaré si estoy eligiendo los nutrientes que favorecen mi salud en vez de quitarme energía.

7. Al ducharme por la mañana, reflexionaré sobre si hago lo necesario para ser un modelo saludable para mi familia.

8. Siempre que esté con mis amigos, me preguntaré si mis conductas fomentan su salud o la perjudican.

9. Al sostener la mano de mi pareja, la apretaré con suavidad y recordaré que, si cultivamos hábitos saludables, nuestra vida amorosa será más plena y duradera.

10. Cuando vea las noticias, prestaré atención al modo en que pueda hacer una contribución significativa al bienestar de mi comunidad.

11. Al despertar, repetiré para mis adentros: «Hoy va a ser un gran día».

12. En cuanto me surja un pensamiento negativo (PNA), lo escribiré y me preguntaré: «¿Es cierto?».

13. Al llegar a casa, me pondré un audio de meditación.

14. Antes de dormir, recordaré al menos tres cosas por las que doy las gracias.

15. Después de tener un pensamiento negativo, reflexionaré sobre lo que salió bien durante el día.

16. Cuando afronte una situación difícil, me preguntaré: «¿Qué puedo sacar de positivo en esta situación?».

17. Después de desayunar, pensaré en una persona a la que aprecio y me pondré en contacto con ella.

18. Cuando sienta ansiedad, haré cinco respiraciones profundas para calmarme.

19. Al preparar el café o el té por la mañana, reflexionaré sobre tres cosas por las que siento agradecimiento.

20. Cuando me sienta triste, saldré a dar un paseo por la naturaleza.

APÉNDICE C

25 formas simples y efectivas para superar la ansiedad y las preocupaciones

1. Empieza cada día con la frase «hoy va a ser un gran día». Y es que la mente hace ocurrir aquello que visualiza. Si te levantas pronunciando estas palabras, tu cerebro hallará los motivos para que tengas un gran día.

2. Anota tres cosas por las que sientas gratitud cada día. La investigación al respecto ha revelado que quienes lo hacen incrementan de manera sustancial su sensación de felicidad en apenas tres semanas.[1]

3. Escribe cada día el nombre de una persona a la que aprecies. Luego, díselo. El aprecio consiste en expresar el agradecimiento de forma manifiesta y crea conexiones positivas entre las personas.

4. Limita el tiempo que pasas frente a una pantalla. Los estudios sobre este tema indican que las posibilidades de padecer depresión y obesidad se incrementan conforme lo hace el tiempo que inviertes en el uso de dispositivos electrónicos.

5. Hacer ejercicio es la forma más rápida de sentirte mejor. Da un paseo o sal a correr.

6. Disfruta del chocolate negro, que incrementa el flujo sanguíneo del cerebro,[2] mejora tu estado de ánimo y alivia la ansiedad. En un estudio al respecto se halló que los participantes que consumían más chocolate negro tenían menos riesgo de demencia que quienes tomaban menos.

7. Escucha música. Se ha demostrado que tan solo 25 minutos de Mozart o Strauss disminuyen la presión sanguínea y el estrés; también que escuchar canciones de ABBA disminuye la liberación de hormonas del estrés.[3]

8. Elige experiencias que te sorprendan, como observar una puesta de sol o cualquier otra maravilla de la naturaleza.[4]

9. Bebe té verde, que contiene L-teanina, un componente que te ayudará a experimentar más felicidad, relajación y concentración.[5]

10. Lee una novela inspiradora y poderosa.[6]

11. Da un paseo por la naturaleza,[7] es una actividad asociada con el alivio de la preocupación.[8]

12. Camina con los pies descalzos al aire libre. Según un estudio al respecto, reduce la ansiedad y la depresión en un 62%.[9]

13. Escucha una canción triste. En serio, se ha comprobado que favorece las emociones positivas.[10] Escuchar canciones de cuna y música relajante también reduce el estrés y mejora la calidad del sueño.[11]

14. ¡Deja de quejarte! Este hábito reconfigura tu cerebro para enfocarse en lo negativo en demasiados aspectos de la vida.[12]

15. Rodearte de personas positivas es fundamental si deseas sentirte feliz.[13] El estado de ánimo de los demás es contagioso. (Ahora bien, si prefieres deprimirte, pasa tiempo con personas pesimistas).

16. Haz algo que realmente disfrutes y te haga feliz. Por ejemplo, jugar al tenis de mesa o compartir tiempo con tu pareja, tus hijos o tus nietos.

17. Escribe tus cinco experiencias más felices y luego imagina cómo sería revivirlas.

18. Participa en actividades que te hagan sentir útil y competente.[14]

19. Ten paciencia contigo. La gente suele volverse más feliz con la edad, en especial si cuida de su bienestar mental.[15]

20. Aprende a perdonar; este acto puede ayudarte a disminuir los sentimientos negativos.[16]

21. Ayuda a los demás o apúntate a un voluntariado; en un estudio al respecto, quienes lo hicieron aseguraron sentirse más felices.[17] Y dedica tiempo a tus amistades.[18]

22. Cuida la intimidad con tu pareja. Las relaciones sexuales aumentan la felicidad general y reducen los niveles de hormonas del estrés. En estudios con ratones también se ha demostrado que ayudan a fortalecer el hipocampo.[19]

23. Pon por escrito tus pensamientos y emociones. Sacarlos fuera de la mente te permitirá ganar claridad y perspectiva.[20]

24. Aprende a erradicar los PNA. Cada vez que te invada la tristeza, la irritación o la ansiedad, o te sientas fuera de control, anota tus pensamientos negativos. Luego pregúntate si son ciertos o si están distorsionados, porque esa distorsión solo genera más emociones negativas. Redirigir la mente hacia pensamientos positivos y racionales te hará sentir mucho mejor.

25. Practica la meditación o la oración. Dedicar de 5 a 10 minutos al día a centrarte en las Escrituras es una forma sencilla pero poderosa de mejorar tu vida. Se ha comprobado que la oración y la meditación calman el estrés, mejoran la concentración, el estado de ánimo y la memoria, favorecen la toma de decisiones y reducen los sentimientos de ansiedad, depresión e irritabilidad.[21]

APÉNDICE D

Nutracéuticos que ayudan a aliviar las preocupaciones y la ansiedad

CUANDO TENGO QUE TRATAR A ALGUIEN, siempre me pregunto: *¿Qué le recetaría si fuera mi madre, mi esposa o alguno de mis hijos?* Y cada vez más, después de todos estos años ejerciendo la psiquiatría, suelo recomendar tratamientos naturales. No estoy en contra de recetar medicación y, en realidad, lo he hecho en muchas ocasiones, pero quiero que aproveches todas las herramientas que tienes a tu alcance, en especial si son útiles, menos costosas y tienen menos efectos secundarios que la medicación.

Los nutracéuticos (suplementos con los mismos beneficios que ciertos medicamentos) empezaron a despertar mi interés tras comenzar a usar los escáneres SPECT para intentar ayudar a mis pacientes. Una de las primeras cosas que aprendí gracias a los escáneres fue que algunos medicamentos, en particular los que se recetan para tratar la ansiedad, tienen efectos negativos en las imágenes que nos proporcionan los escáneres. Más adelante supe que algunos estudios sugieren que un gran número de estos medicamentos incrementa el riesgo de demencia e infarto.[1] En la facultad me enseñaron que mi primer objetivo debe ser no causar daños. Tengo, por tanto, que usar los tratamientos más eficaces y a la vez menos tóxicos. Así que, mientras les buscaba alternativas, descubrí que muchos suplementos naturales cuentan con un sólido respaldo científico y causan menos efectos secundarios que los medicamentos con receta.*

Algunos suplementos son especialmente eficaces para calmar y equilibrar el cerebro, lo que puede a su vez aliviar la ansiedad. Estos son algunos de mis favoritos:

---

*Los nutracéuticos tienen sus inconvenientes. Aunque suelen ser más económicos que los medicamentos, es posible que pagues más por ellos porque los seguros de salud no suelen cubrir su coste. Además, no están totalmente exentos de efectos secundarios ni de interacciones con otros medicamentos. Algunos estudios han revelado que ciertos suplementos no siempre contienen lo que indica la etiqueta, lo que puede reducir su eficacia o incluso representar un riesgo para la salud. No te fíes solo de la opinión del personal de las tiendas de dietética para informarte sobre los suplementos. Investiga varias marcas en internet y contacta con sus departamentos técnicos o de control de calidad para resolver tus dudas.

A pesar de estos problemas, los beneficios de los nutracéuticos (y sus riesgos relativamente bajos en comparación con los medicamentos) hacen que merezca la pena tenerlos en cuenta, sobre todo si se puede obtener información meditada y basada en la investigación. He sido testigo de cómo los nutracéuticos específicos marcan una diferencia positiva en la vida de mis pacientes, de mi familia y en la mía propia, razón por la cual los tomo a diario y los recomiendo.

Magnesio

El magnesio tiene un efecto calmante sobre la función neuronal, participa en más de 300 reacciones bioquímicas en el cuerpo, es esencial para gozar de energía y juega un papel clave en la regulación de la glucosa en sangre. Un déficit de magnesio está asociado con convulsiones, inflamación, diabetes, ansiedad y depresión.[2] Con la dieta occidental típica, el 68 % de la población estadounidense no consume suficiente magnesio. Algunos estudios sugieren que tomar este suplemento puede reducir la frecuencia[3] de las convulsiones, mientras que otras investigaciones han demostrado su eficacia en casos de estrés intenso,[4] migrañas, depresión, dolor crónico, ansiedad y accidentes cerebrovasculares.[5] Este mineral se encuentra en verduras de hoja verde como la espinaca, la col rizada o *kale* y la acelga suiza, así como en legumbres, frutos secos y semillas. En general, los alimentos ricos en fibra dietética son una buena fuente de magnesio. La dosis recomendada para adultos varía entre 50 y 400 mg al día.

GABA

El GABA (ácido gamma-aminobutírico) es un aminoácido clave en la regulación de la excitabilidad neuronal que ayuda a reducir la sobreestimulación del cerebro. Tanto el GABA como sus potenciadores, como el anticonvulsivo gabapentina y la L-teanina (presente en el té verde), actúan inhibiendo la actividad neuronal excesiva, lo que favorece la calma y un mayor autocontrol. Niveles bajos de GABA se han asociado con diversos trastornos de salud mental, incluida la ansiedad y ciertas formas de depresión. En lugar de recurrir a comer en exceso, o consumir alcohol o drogas como mecanismo para aliviar la ansiedad, es posible estimular la producción natural de GABA como una alternativa más saludable. Por ello, a menudo recomiendo suplementos de este aminoácido. Existe debate[6] sobre si el GABA atraviesa la barrera hematoencefálica, la red de vasos sanguíneos que protege el cerebro: algunos estudios sostienen que no lo hace, mientras que otros han detectado tras su liberación un aumento en las ondas cerebrales alfa, asociadas con un estado de relajación. A pesar de esta controversia, en estudios de neuroimagen que hemos llevado a cabo, el GABA ha demostrado un claro efecto calmante en el cerebro.[7] La dosis recomendada para adultos varía entre 100 y 1500 mg diarios, mientras que para niños oscila entre 50 y 750 mg. Para maximizar sus beneficios, se aconseja dividir la ingesta en dos o tres tomas al día.

Azafrán

El azafrán es una de las especias más caras del mundo y se cultiva sobre todo en Irán, Grecia, España e Italia. Tradicionalmente se ha consumido para facilitar la digestión de alimentos picantes y calmar el malestar estomacal. Además, se ha empleado durante siglos en la medicina popular para tratar diversos problemas de salud. En los últimos años, múltiples estudios han demostrado que el azafrán puede aumentar los niveles de serotonina, lo que favorece la mejora del estado de ánimo,[8] la memoria[9] y la función sexual.[10] También se ha observado que alivia el síndrome premenstrual (SPM)[11] y, combinado con metadona, ayuda a reducir los síntomas de abstinencia en el tratamiento por adicción a opioides.[12] La dosis recomendada para adultos es de 15 mg, dos veces al día.

5-HTP

El 5-HTP (5-hidroxitriptófano) es un aminoácido que se encuentra un paso más adelante en la ruta de producción de serotonina. Es más accesible que el L-triptófano y se absorbe con mayor facilidad en el cerebro (70 % frente al 3 % del L-triptófano). Más o menos de 5 a 10 veces más potente que el L-triptófano, el 5-HTP eleva los niveles de serotonina en el cerebro y ayuda a reducir la hiperactividad del córtex cingulado anterior (por así decirlo, «lubrica» esta región para facilitar la flexibilidad cognitiva y mejorar la capacidad para cambia de enfoque). Varios estudios de doble ciego han revelado que el 5-HTP mejora de forma eficaz el estado de ánimo[13] y es supresor del apetito.[14] La dosis recomendada para adultos varía entre 50 y 300 mg al día, mientras que los niños deben comenzar con la mitad de esa dosis. Al igual que el L-triptófano, se recomienda tomarlo con el estómago vacío para optimizar su absorción. El efecto secundario más común es un leve malestar estomacal, por lo que se aconseja comenzar con una dosis baja e incrementarla de un modo gradual.

L-teanina

La L-teanina es un aminoácido presente de manera exclusiva en el té verde. Tiene la capacidad de atravesar la barrera hematoencefálica y potencia la segregación de dopamina. Además, incrementa la producción tanto de GABA como de serotonina, lo que genera un efecto de equilibrio en el cerebro. Es eficaz para mejorar la concentración y mitigar el estrés mental y físico. La dosis recomendada oscila entre 100 y 200 mg, dos o tres veces al día.

Además de estos suplementos, suelo recomendar a *todos* mis pacientes tres nutracéuticos fundamentales para un funcionamiento cerebral óptimo: un multivitamínico/mineral, ácidos grasos omega-3 y vitamina D.

Multivitamínico/mineral

Para mejorar tu bienestar a corto y a largo plazo, es esencial proporcionarle a tu cerebro la nutrición adecuada. Sin embargo, existen evidencias de que muchas personas no ingieren los nutrientes necesarios. Según los Centros para el Control y la Prevención de Enfermedades (CDC),[15] más del 90% de la población estadounidense no consume al menos cinco porciones diarias de frutas y verduras, la cantidad mínima recomendada para obtener los nutrientes esenciales. Un editorial publicado en el *Journal of the American Medical Association* también indicó que la mayoría de la población adulta no obtiene todas las vitaminas que necesita a través de la dieta, y sugirió la toma diaria de un suplemento vitamínico para todo el mundo, porque además contribuye a la prevención de enfermedades crónicas.[16]

En los últimos quince años, se han llevado a cabo más de 25 estudios sobre los beneficios de las fórmulas multivitamínicas/minerales, que incluyen más de

20 vitaminas y minerales.[17] Además, las investigaciones demuestran que estos suplementos pueden ser útiles para mejorar problemas de atención,[18] el estado de ánimo[19] e incluso reducir la agresividad.[20] Tras el terremoto de gran magnitud ocurrido en Christchurch, Nueva Zelanda,[21] en febrero de 2011, y las graves inundaciones en el sur de Alberta, Canadá, en junio de 2013,[22] se llevaron a cabo dos ensayos de carácter aleatorio. Los resultados de ambos mostraron una disminución en los niveles de estrés agudo y ansiedad en las personas que tomaron el multivitamínico/mineral. En el efectuado tras el terremoto en Nueva Zelanda, la incidencia de trastorno de estrés postraumático disminuyó del 65% al 19% tras un mes de tratamiento, mientras que el grupo control no mostró mejoras significativas. Estos resultados sugieren que los complejos multivitamínicos/minerales podrían constituir una intervención económica eficaz para la salud pública en poblaciones normales tras desastres naturales.

Un estudio de 2010 evaluó los efectos de tomar un multivitamínico frente a un placebo en 215 hombres de entre 30 y 55 años. Después de un mes, el grupo que tomó el multivitamínico reportó mejoras en el estado de ánimo, un mayor rendimiento cognitivo, más vitalidad, menos estrés y menor fatiga mental al completar tareas, lo que les permitió sentirse más felices y a la vez más inteligentes.[23] Otro estudio controlado con placebo analizó los efectos de los multivitamínicos en 81 niños sanos y descubrió que los que tomaron multivitamínicos tuvieron un mejor desempeño en dos de tres tareas de atención.[24]

Ácidos grasos omega-3

Los ácidos grasos omega-3 son fundamentales para el bienestar general. Los niveles bajos de estos ácidos grasos se encuentran entre las principales causas prevenibles de muerte, según investigadores de la Escuela de Salud Pública de Harvard.[25] Los estudios efectuados al respecto han revelado que el 95 % de la población estadounidense no consume suficiente omega-3 en su dieta. Los niveles insuficientes de EPA y DHA, dos de los omega-3 más relevantes, se asocian con los siguientes estados y trastornos:

- Inflamación.[26]
- Enfermedades cardiovasculares.[27]
- Depresión y trastorno bipolar.[28]
- Tendencias suicidas.[29]
- TDAH.[30]
- Deterioro cognitivo y demencia.[31]
- Obesidad.[32]

Por desgracia, la mayoría de la gente presenta niveles bajos de EPA y DHA, a menos que se preocupe por consumir pescado (que, por otro lado, puede ser rico en mercurio y otras toxinas) o esté tomando un suplemento de omega-3. En una prueba efectuada en las Clínicas Amen, evaluamos los niveles de ácidos grasos omega-3 de 50 pacientes que no tomaban aceite de pescado (la fuente más común de EPA y DHA), y descubrimos que 49 de ellos presentaban niveles poco óptimos de estas sustancias. En otro estudio, nuestro equipo correlacionó las imágenes SPECT de 166 pacientes con sus niveles de EPA y DHA, y hallamos que quienes presentaban los niveles más bajos mostraban menor flujo sanguíneo —el principal predictor de problemas cerebrales futuros— en áreas clave como el hipocampo derecho y el cingulado posterior (una de las primeras zonas afectadas en la enfermedad de Alzheimer), entre otras.[33] Además, las pruebas cognitivas indicaron que los niveles bajos de omega-3 se asociaban a puntuaciones más bajas en la expresión del estado de ánimo. Para la mayoría de adultos, se recomienda una dosis de entre 1000 y 2000 miligramos de aceite de pescado de alta calidad al día, equilibrados entre EPA y DHA.

Vitamina D: optimiza tu nivel

La vitamina D es muy conocida por su papel en la formación de los huesos y el fortalecimiento del sistema inmunitario, pero también resulta crucial para la salud cerebral, el estado de ánimo y la memoria. Los niveles bajos de esta vitamina se han vinculado con depresión, autismo, psicosis, enfermedad de Alzheimer, esclerosis múltiple, enfermedades cardíacas, diabetes, cáncer y obesidad. Más o menos el 70 % de la población presenta deficiencia de vitamina D debido a que pasamos más tiempo en interiores y utilizamos más protector solar (esta vitamina se absorbe a través de la piel). Corregir una deficiencia de vitamina D es sencillo: hazte un análisis de sangre para comprobar tus niveles y, si están por debajo de 30 ng/mL, toma entre 2000 y 10.000 UI al día. Vuelve a hacerte la prueba a los dos meses para verificar la mejora.

APÉNDICE E

Versículos de la Biblia para mitigar la ansiedad o las preocupaciones

MÁS PRONTO QUE TARDE, TODO EL mundo acaba experimentando algo de estrés. Y aunque un poco puede resultar positivo (ya que nos mantiene alerta para seguir adelante), demasiado tiene efectos negativos para el cerebro, porque fomenta la ansiedad y las preocupaciones.

En *Mateo*, 11:28-29, Jesús nos invita a dejar a un lado las preocupaciones y encomendarse a él. No hay mejor manera de hacerlo que rezando o meditando en silencio sus palabras. Mientras reflexionas sobre los siguientes versículos, concéntrate en abrazar de forma abierta la presencia calmante y restauradora de Dios.

> No se preocupen por nada; en cambio, oren
> por todo. Díganle a Dios lo que necesitan y

denle gracias por todo lo que Él ha hecho. Así
experimentarán la paz de Dios, que supera todo
lo que podemos entender. La paz de Dios cuidará
su corazón y su mente mientras vivan en Cristo
Jesús.

FILIPENSES, 4:6-7

Así que no se preocupen por el mañana, porque el
día de mañana traerá sus propias preocupaciones.
Los problemas del día de hoy son suficientes por
hoy.

MATEO, 6:34

Digan a los de corazón temeroso:
 «Sean fuertes y no teman,
porque su Dios viene para destruir a sus enemigos;
 viene para salvarlos».

ISAÍAS, 35:4

Así que humíllense ante el gran poder de Dios y,
a su debido tiempo, Él los levantará con honor.
Pongan todas sus preocupaciones y ansiedades en
las manos de Dios, porque Él cuida de ustedes.

1 PEDRO, 5:6-7

La preocupación agobia a la persona;
　una palabra de aliento la anima.
PROVERBIOS, 12:25

Lleven mi yugo sobre sí, y aprendan de mí, que soy manso y humilde de corazón; y hallarán descanso para sus almas.
MATEO, 11:29

Sé que el Señor siempre está conmigo.
　No seré sacudido, porque Él está aquí a mi lado.
SALMOS, 16:8

¿Quién de ustedes, por mucho que se preocupe, puede añadir una sola hora al curso de su vida?
MATEO, 6:27

La paz les dejo, mi paz les doy; yo no se la doy como el mundo la da. No se turbe su corazón ni tenga miedo.
JUAN, 14:27

Así que no se preocupe, pequeño rebaño. Pues al Padre le da mucha felicidad entregarles el reino.
LUCAS, 12:32

Así que podemos decir con toda confianza:
 «El Señor es quien me ayuda,
 por tanto, no temeré.
 ¿Qué me puede hacer un simple mortal?».

HEBREOS, 13:6

Entrégale tus cargas al Señor, y Él cuidará de ti;
 no permitirá que los justos tropiecen y caigan.

SALMOS, 55:22

Si permanecen en mí, y mis palabras permanecen en ustedes, pidan todo lo que quieran, y les será hecho.

JUAN, 15:7

Por tanto, les digo que todo lo que pidieran orando, crean que lo recibirán, y les vendrá.

MARCOS, 11:24

Pídeme y te revelaré secretos sorprendentes que no conoces acerca de lo que está por venir.

JEREMÍAS, 33:3

El Señor oye a los suyos cuando claman a Él por ayuda;
 los rescata de todas sus dificultades.

SALMOS, 34:17

Ustedes, pues, orarán así:

«Padre nuestro que estás en el cielo,
    santificado sea tu nombre.
Venga a nosotros tu reino.
Hágase tu voluntad, en la tierra como en el cielo.
Danos hoy nuestro pan de cada día;
perdona nuestras ofensas, como también nosotros
perdonamos a los que nos ofenden;
no nos dejes caer en la tentación,
    y líbranos del mal. Amén.
MATEO, 6:9-13

Y sabemos que Dios hace que todas las cosas
cooperen para el bien de quienes lo aman y son
llamados según el propósito que Él tiene para
ellos.
ROMANOS, 8:28

Desde la angustia invoqué al Señor,
    y me respondió dándome libertad.
El Señor está conmigo; no temeré
    lo que me pueda hacer el hombre.
SALMOS, 118:5-6

Entonces Jesús les dijo: «Vayamos solos a un lugar tranquilo para descansar un rato». Lo dijo porque había tanta gente que iba y venía que Jesús y sus apóstoles no tenían tiempo ni para comer.

MARCOS, 6:31

Mi mandato es: «¡Sé fuerte y valiente! No tengas miedo ni te desanimes, porque el Señor tu Dios está contigo dondequiera que vayas».

JOSUÉ, 1:9

Pues Dios no nos ha dado un espíritu de temor y timidez, sino de poder, amor y autodisciplina.

2 TIMOTEO, 1:7

Así que llegué a la conclusión de que no hay nada mejor que alegrarse y disfrutar de la vida mientras podamos.

ECLESIASTÉS, 3:12

NOTAS

INTRODUCCIÓN

1. M. F. Hoyt y M. Talmon (eds.), *Capturing the Moment: Single Session Therapy and Walk-In Services* (Nueva York: Crown House Publishing, 2014).
2. A. Akgul *et al.*, «The Beneficial Effect of Hypnosis in Elective Cardiac Surgery: A Preliminary Study», *Thoracic and Cardiovascular Surgeon* 64, n.º 7 (2016): 581–88, doi: 10.1055/s-0036-1580623
3. R. Perkins y G. Scarlett, «The Effectiveness of Single Session Therapy in Child and Adolescent Mental Health. Part 2: An 18-Month Follow-Up Study», *Psychology and Psychotherapy* 81, n.º 2 (junio de 2008): 143–56, doi: 10.1348/147608308X280995
4. B. J. Fogg, *Tiny Habits*, http://tinyhabits.com/, consultado el 23 de abril de 2018.
5. C. A. Raji *et al.*, «Brain Structure and Obesity», *Human Brain Mapping* 31, n.º 3 (marzo de 2010): 353–64, doi: 10.1002/hbm.20870
6. Fogg, *Tiny Habits*.

CAPÍTULO 1. CUANDO LA VIDA ESTÁ PATAS ARRIBA

1. R. Sapolsky, *Why Zebras Don't Get Ulcers*, 3.ª ed. (Nueva York: Holt Paperbacks, 2004).
2. H. Jiang *et al.*, «Brain Activity and Functional Connectivity Associated with Hypnosis», *Cerebral Cortex* 27, n.º 8 (1 de agosto de 2017): 4083–93, doi: 10.1093/cercor/bhw220
3. T. Tsitsi *et al.*, «Effectiveness of a Relaxation Intervention (Progressive Muscle Relaxation and Guided Imagery Techniques) to Reduce Anxiety and Improve Mood of Parents of Hospitalized Children with Malignancies: A Randomized Controlled Trial in Republic of Cyprus and Greece», *European Journal of Oncology Nursing* 26 (febrero de 2017): 9–18, doi: 10.1016/j.ejon.2016.10.007
4. A. Charalambous *et al.*, «Guided Imagery and Progressive Muscle Relaxation as a Cluster of Symptoms Management Intervention in Patients Receiving Chemotherapy: A Randomized Control Trial», *PLoS One* 11, n.º 6 (24 de junio de 2016): e0156911, doi: 10.1371/journal.pone.0156911
5. P. G. Nascimento Novais *et al.*, «The Effects of Progressive Muscular Relaxation as a Nursing Procedure Used for Those Who Suffer from Stress Due to Multiple Sclerosis», *Revista Latino-Americana de Enfermagem* 24 (1 de septiembre de 2016): e2789, doi: 10.1590/1518-8345.1257.2789
6. L. de Lorent *et al.*, «Auricular Acupuncture versus Progressive Muscle Relaxation in Patients with Anxiety Disorders or Major Depressive Disorder: A Prospective Parallel Group Clinical Trial», *Journal of Acupuncture and Meridian Studies* 9, n.º 4 (agosto de 2016): 191–99, doi: 10.1016/j.jams.2016.03.008
7. B. Meyer *et al.*, «Progressive Muscle Relaxation Reduces Migraine Frequency and Normalizes Amplitudes of Contingent Negative Variation (CNV)», *Journal of Headache*

and Pain 17, n.º 1 (diciembre de 2016): 37, doi: 10.1186/s10194-016-0630-0

8. A. B. Wallbaum *et al.*, «Progressive Muscle Relaxation and Restricted Environmental Stimulation Therapy for Chronic Tension Headache: A Pilot Study», *International Journal of Psychosomatics* 38, núms. 1–4 (febrero de 1991): 33–39.

9. T. Limsanon y R. Kalayasiri, «Preliminary Effects of Progressive Muscle Relaxation on Cigarette Craving and Withdrawal Symptoms in Experienced Smokers in Acute Cigarette Abstinence: A Randomized Controlled Trial», *Behavior Therapy* 46, n.º 2 (noviembre de 2014): 166–76, doi: 10.1016/j.beth.2014.10.002

10. K. Golding *et al.*, «Self-Help Relaxation for Post-Stroke Anxiety: A Randomised, Controlled Pilot Study», *Clinical Rehabilitation* 30, n.º 2 (febrero de 2016): 174–80, doi: 10.1177/0269215515575746

11. S. Brunelli *et al.*, «Efficacy of Progressive Muscle Relaxation, Mental Imagery, and Phantom Exercise Training on Phantom Limb: A Randomized Controlled Trial», *Archives of Physical Medicine and Rehabilitation* 96, n.º 2 (febrero de 2015): 181–87, doi: 10.1016/j.apmr.2014.09.035

12. A. Hassanpour Dehkordi y A. Jalali, «Effect of Progressive Muscle Relaxation on the Fatigue and Quality of Life Among Iranian Aging Persons», *Acta Medica Iranica* 54, n.º 7 (julio de 2016): 430–36.

    M. Shahriari *et al.*, «Effects of Progressive Muscle Relaxation, Guided Imagery and Deep Diaphragmatic Breathing on Quality of Life in Elderly with Breast or Prostate Cancer», *Journal of Education and Health Promotion* 6 (19 de abril de 2017): 1, doi: 10.4103/jehp.jehp_147_14

13. Y. K. Yildirim y C. Fadiloglu, «The Effect of Progressive Muscle Relaxation Training on Anxiety Levels and Quality

of Life in Dialysis Patients», *EDTNA/ERCA Journal* 32, n.º 2 (abril–junio de 2006): 86–88.

14. A. K. Johnson *et al.*, «Hypnotic Relaxation Therapy and Sexual Function in Postmenopausal Women: Results of a Randomized Clinical Trial», *International Journal of Clinical and Experimental Hypnosis* 64, n.º 2 (2016): 213–24, doi: 10.1080/00207144.2016.1131590

15. X. Ma *et al.*, «The Effect of Diaphragmatic Breathing on Attention, Negative Affect and Stress in Healthy Adults», *Frontiers in Psychology* 8 (6 de junio de 2017): 874, doi: 10.3389/fpsyg.2017.00874

    Y. F. Chen *et al.*, «The Effectiveness of Diaphragmatic Breathing Relaxation Training for Reducing Anxiety», *Perspectives in Psychiatric Care* 53, n.º 4 (octubre de 2017): 329–36, doi: 10.1111/ppc.12184

16. R. P. Brown y P. L. Gerbarg, «Sudarshan Kriya Yogic Breathing in the Treatment of Stress, Anxiety, and Depression. Part II—Clinical Applications and Guidelines», *Journal of Alternative and Complementary Medicine* 11, n.º 4 (agosto de 2005): 711–17.

17. L. C. Chiang *et al.*, «Effect of Relaxation-Breathing Training on Anxiety and Asthma Signs/Symptoms of Children with Moderate-to-Severe Asthma: A Randomized Controlled Trial», *International Journal of Nursing Studies* 46, n.º 8 (agosto de 2009): 1061–70, doi: 10.1016/j.ijnurstu.2009.01.013

18. S. Stavrou *et al.*, «The Effectiveness of a Stress-Management Intervention Program in the Management of Overweight and Obesity in Childhood and Adolescence», *Journal of Molecular Biochemistry* 5, n.º 2 (2016): 63–70.

19. T. D. Metikaridis *et al.*, «Effect of a Stress Management Program on Subjects with Neck Pain: A Pilot Randomized

Controlled Trial», *Journal of Back and Musculoskeletal Rehabilitation* 30, n.º 1 (20 de diciembre de 2016): 23–33.
20. J. B. Ferreira *et al.*, «Inspiratory Muscle Training Reduces Blood Pressure and Sympathetic Activity in Hypertensive Patients: A Randomized Controlled Trial», *International Journal of Cardiology* 166, n.º 1 (5 de junio de 2013): 61–67, doi: 10.1016/j.ijcard.2011.09.069
21. S. E. Stromberg *et al.*, «Diaphragmatic Breathing and Its Effectiveness for the Management of Motion Sickness», *Aerospace Medicine and Human Performance* 86, n.º 5 (mayo de 2015): 452–57, doi: 10.3357/AMHP.4152.2015
22. R. Fried *et al.*, «Effect of Diaphragmatic Respiration with End-Tidal CO_2 Biofeedback on Respiration, EEG, and Seizure Frequency in Idiopathic Epilepsy», *Annals of the New York Academy of Sciences* 602 (febrero de 1990): 67–96.
23. P. R. Mello *et al.*, «Inspiratory Muscle Training Reduces Sympathetic Nervous Activity and Improves Inspiratory Muscle Weakness and Quality of Life in Patients with Chronic Heart Failure: A Clinical Trial», *Journal of Cardiopulmonary Rehabilitation and Prevention* 32, n.º 5 (septiembre–octubre de 2012): 255–61, doi: 10.1097/HCR.0b013e31825828da
24. C. A. Lengacher *et al.*, «Immune Responses to Guided Imagery During Breast Cancer Treatment», *Biological Research for Nursing* 9, n.º 3 (enero de 2008): 205–14, doi: 10.1177/1099800407309374

    C. Maack y P. Nolan, «The Effects of Guided Imagery and Music Therapy on Reported Change in Normal Adults», *Journal of Music Therapy* 36, n.º 1 (1 de marzo de 1999): 39–55.

    Y. Y. Tang *et al.*, «Improving Executive Function and Its Neurobiological Mechanisms through a Mindfulness-Based Intervention: Advances within the Field of

Developmental Neuroscience», *Child Development Perspectives* 6, n.º 4 (diciembre de 2012): 361–66, doi: 10.1111/j.1750-8606.2012.00250.x

25. X. Zeng *et al.*, «The Effect of Loving-Kindness Meditation on Positive Emotions: A Meta-Analytic Review», *Frontiers in Psychology* 6 (3 de noviembre de 2015): 1693, doi: 10.3389/fpsyg.2015.01693

    B. L. Fredrickson *et al.*, «Open Hearts Build Lives: Positive Emotions, Induced through Loving-Kindness Meditation, Build Consequential Personal Resources», *Journal of Personality and Social Psychology* 95, n.º 5 (noviembre de 2008): 1045–62, doi: 10.1037/a0013262

26. J. W. Carson *et al.*, «Loving-Kindness Meditation for Chronic Low Back Pain: Results from a Pilot Trial», Journal of Holistic Nursing 23, n.º 3 (septiembre de 2005): 287–304.

27. M. E. Tonelli y A. B. Wachholtz, «Meditation-Based Treatment Yielding Immediate Relief for Meditation-Naïve Migraineurs», Pain Management Nursing 15, n.º 1 (marzo de 2014): 36–40, doi: 10.1016/j.pmn.2012.04.002

28. D. J. Kearney *et al.*, «Loving-Kindness Meditation for Posttraumatic Stress Disorder: A Pilot Study», *Journal of Traumatic Stress* 26, n.º 4 (agosto de 2013): 426–34, doi: 10.1002/jts.21832

29. A. J. Stell y T. Farsides, «Brief Loving-Kindness Meditation Reduces Racial Bias, Mediated by Positive Other-Regarding Emotions», *Motivation and Emotion* 40, n.º 1 (febrero de 2016): 140–47, doi: 10.1007/s11031-015-9514-x

30. M. K. Leung *et al.*, «Increased Gray Matter Volume in the Right Angular and Posterior Parahippocampal Gyri in Loving-Kindness Meditators», *Social Cognitive and Affective Neuroscience* 8, n.º 1 (enero de 2013): 34–39, doi: 10.1093/scan/nss076

31. B. E. Kok *et al.*, «How Positive Emotions Build Physical Health: Perceived Positive Social Connections Account for the Upward Spiral between Positive Emotions and Vagal Tone», *Psychological Science* 24, n.º 7 (1 de julio de 2013): 1123–32, doi: 10.1177/0956797612470827
32. R. J. Zatorre e I. Peretz (eds.), *The Biological Foundations of Music* (Nueva York: New York Academy of Sciences, 2001).
33. T. Schäfer *et al.*, «The Psychological Functions of Music Listening», *Frontiers in Psychology* 4 (2013): 511.
34. J. Lieff, «Music Stimulates Emotions Through Specific Brain Circuits», *Searching for the Mind* (blog), 2 de marzo de 2014, http://jonlieffmd.com/blog/music-stimulates-emotions-through-specific-brain-circuits, citado en B. Goldstein, *The Secret Language of the Heart* (San Antonio, TX: Hierophant Publishing, 2016), 29.
35. C. Grape *et al.*, «Does Singing Promote Well-Being? An Empirical Study of Professional and Amateur Singers During a Singing Lesson», *Integrative Physiological and Behavioral Science* 38, n.º 1 (enero-marzo de 2003): 65–74, citado en B. Goldstein, *The Secret Language of the Heart*, 29.
36. B. Goldstein, *The Secret Language of the Heart* (San Antonio, TX: Hierophant Publishing, 2016), 31.
37. R. H. Huang y Y. N. Shih, «Effects of Background Music on Concentration of Workers», *Work* 38, n.º 4 (2011): 383–87, doi: 10.3233/WOR-2011-1141
38. M. Hausmann *et al.*, «Music-Induced Changes in Functional Cerebral Asymmetries», *Brain and Cognition* 104 (abril de 2016): 58–71, doi: 10.1016/j.bandc.2016.03.001
39. Y. Ferguson y K. Sheldon, «Trying to Be Happier Really Can Work: Two Experimental Studies», *Journal of Positive Psychology* 8, n.º 1 (enero de 2013): 23–33, doi: 10.1080/17439760.2012.747000

40. E. Brattico *et al.*, «A Functional MRI Study of Happy and Sad Emotions in Music with and without Lyrics», *Frontiers in Psychology* 2 (1 de diciembre de 2011): 308, doi: 10.3389/fpsyg.2011.00308
41. R. Gillett, «The Best Music to Listen to for Optimal Productivity, According to Science», *Business Insider Australia*, 25 de julio de 2015, https://www.businessinsider.com.au/the-best-music-for-productivity-2015-7
42. A. G. DeLoach *et al.*, «Tuning the Cognitive Environment: Sound Masking with "Natural" Sounds in Open-Plan Offices», *Journal of the Acoustical Society of America* 137, n.º 4 (abril de 2015): 2291, doi: 10.1121/1.4920363
43. L. Lepron, «The Songs Scientifically Proven to Make Us Feel Good», *Konbini* (sitio web), http://www.konbini.com/us/entertainment/songs-scientifically-proven-make-us-feel-good
44. Y. H. Li *et al.*, «Massage Therapy for Fibromyalgia: A Systematic Review and Meta-Analysis of Randomized Controlled Trials», *PLoS One* 9, n.º 2 (20 de febrero de 2014): e89304, doi: 10.1371/journal.pone.0089304
45. J. S. Kutner *et al.*, «Massage Therapy vs. Simple Touch to Improve Pain and Mood in Patients with Advanced Cancer: A Randomized Trial», *Annals of Internal Medicine* 149, n.º 6 (16 de septiembre de 2008): 369–79.

    S. H. Lee *et al.*, «Meta-Analysis of Massage Therapy on Cancer Pain», *Integrative Cancer Therapies* 14, n.º 4 (julio de 2015): 297–304, doi: 10.1177/1534735415572885
46. S. Babaee *et al.*, «Effectiveness of Massage Therapy on the Mood of Patients after Open-Heart Surgery», *Iranian Journal of Nursing and Midwifery Research* 17, n.º 2, suplemento 1 (febrero de 2012): S120–S124.
47. S. Khilnani *et al.*, «Massage Therapy Improves Mood and Behavior of Students with Attention-Deficit/Hyperactivity Disorder», *Adolescence* 38, n.º 152 (invierno de 2003): 623–38.

48. F. Bazarganipour *et al.*, «The Effect of Applying Pressure to the LIV3 and LI4 on the Symptoms of Premenstrual Syndrome: A Randomized Clinical Trial», *Complementary Therapies in Medicine* 31 (abril de 2017): 65–70, doi: 10.1016/j.ctim.2017.02.003
49. Z. J. Zhang *et al.*, «The Effectiveness and Safety of Acupuncture Therapy in Depressive Disorders: Systematic Review and Meta-Analysis», *Journal of Affective Disorders* 124, núms. 1–2 (julio de 2010): 9–21, doi: 10.1016/j.jad.2009.07.005

    P. Bosch *et al.*, «The Effect of Acupuncture on Mood and Working Memory in Patients with Depression and Schizophrenia», *Journal of Integrative Medicine* 13, n.º 6 (noviembre de 2015): 380–90, doi: 10.1016/S2095-4964(15)60204-7
50. L. de Lorent *et al.*, «Auricular Acupuncture versus Progressive Muscle Relaxation in Patients with Anxiety Disorders or Major Depressive Disorder: A Prospective Parallel Group Clinical Trial», 191–99, doi: 10.1016/j.jams.2016.03.008
51. A. Xiang *et al.*, «The Immediate Analgesic Effect of Acupuncture for Pain: A Systematic Review and Meta-Analysis», *Evidence-Based Complementary and Alternative Medicine* 3 (2017): 1–13, doi: 10.1155/2017/3837194
52. C. W. Janssen *et al.*, «Whole-Body Hyperthermia for the Treatment of Major Depressive Disorder: A Randomized Clinical Trial», *JAMA Psychiatry* 73, n.º 8 (1 de agosto de 2016): 789–95, doi: 10.1001/jamapsychiatry.2016.1031
53. M. Lugavere, «6 Powerful Ways Saunas Can Boost Your Brain», *Max Lugavere*, https://www.maxlugavere.com/blog/5-incredible-things-that-happen-when-you-sit-in-a-sauna
54. T. Laukkanen *et al.*, «Sauna Bathing Is Inversely Associated with Dementia and Alzheimer's Disease in Middle-Aged Finnish Men», *Age and Ageing* 46, n.º 2 (1 de marzo de 2017): 245–49, doi: 10.1093/ageing/afw212

55. S. Kasper *et al.*, «Lavender Oil Preparation Silexan Is Effective in Generalized Anxiety Disorder—A Randomized, Double-Blind Comparison to Placebo and Paroxetine», *International Journal of Neuropsychopharmacology* 17, n.º 6 (junio de 2014): 859–69, doi: 10.1017/S1461145714000017
56. P. H. Koulivand *et al.*, «Lavender and the Nervous System», *Evidence-Based Complementary and Alternative Medicine* 2013 (2013): 681304, doi: 10.1155/2013/681304
57. S. Kasper *et al.*, «Efficacy of Orally Administered Silexan in Patients with Anxiety-Related Restlessness and Disturbed Sleep—A Randomized, Placebo-Controlled Trial», *European Neuropsychopharmacology* 25, n.º 11 (noviembre de 2015): 1960–67, doi: 10.1016/j.euroneuro.2015.07.024
58. P. Sasannejad *et al.*, «Lavender Essential Oil in the Treatment of Migraine Headache: A Placebo-Controlled Clinical Trial», *European Neurology* 67, n.º 5 (2012): 288–91, doi: 10.1159/000335249
59. M. Kheirkhah *et al.*, «Comparing the Effects of Aromatherapy with Rose Oils and Warm Foot Bath on Anxiety in the First Stage of Labor in Nulliparous Women», *Iranian Red Crescent Medical Journal* 16, n.º 9 (17 de agosto de 2014): e14455, doi: 10.5812/ircmj.14455

    T. Hongratanaworakit, «Relaxing Effect of Rose Oil on Humans», *Natural Product Communications* 4, n.º 2 (febrero de 2009): 291–96.
60. J. D. Amsterdam *et al.*, «Chamomile (Matricaria recutita) May Provide Antidepressant Activity in Anxious, Depressed Humans: An Exploratory Study», *Alternative Therapies in Health and Medicine* 18, n.º 5 (septiembre-octubre de 2012): 44–49.
61. C. Maller *et al.*, «Healthy Nature Healthy People: "Contact with Nature" as an Upstream Health Promotion Intervention for Populations», *Health Promotion International* 21, n.º 1 (marzo de 2006): 45–54.

62. P. Lambrou, «Fun with Fractals? Why Nature Can Be Calming», *Psychology Today* (sitio web), 7 de septiembre de 2012, https://www.psychologytoday.com/blog/codes-joy/201209/fun-fractals
63. C. J. Beukeboom *et al.*, «Stress-Reducing Effects of Real and Artificial Nature in a Hospital Waiting Room», *Journal of Alternative and Complementary Medicine* 18, n.º 4 (abril de 2012): 329–33, doi: 10.1089/acm.2011.0488
64. H. Williams, «9 Ways to Improve Your Mood with Food: Herbs and Spices», *AllWomensTalk* (sitio web), http://health.allwomenstalk.com/ways-to-improve-your-mood-with-food/

CAPÍTULO 2. CÓMO SENTIRTE FELIZ Y ESTAR PRESENTE

1. Association for Psychological Science, «Believing the Future Will Be Favorable May Prevent Action», *ScienceDaily*, 3 de agosto de 2017, https://www.sciencedaily.com/releases/2017/08/170803145643.htm
2. K. McSpadden, «You Now Have a Shorter Attention Span Than a Goldfish», *Time*, 14 de mayo de 2015, http://time.com/3858309/attention-spans-goldfish
3. J. Twenge, «What Might Explain the Unhappiness Epidemic?», *The Conversation* (sitio web), 22 de enero de 2018, https://theconversation.com/what-might-explain-the-unhappiness-epidemic-90212
4. R. F. Baumeister *et al.*, «Bad Is Stronger Than Good», *Review of General Psychology* 5, n.º 4 (diciembre de 2001): 323–370, doi: 10.1037/1089-2680.5.4.323
5. J. McCoy, «New Outbrain Study Says Negative Headlines Do Better Than Positive», *Business 2 Community* (sitio web), 15 de marzo de 2014, https://www.business2community.com/blogging/new-outbrain-study-says-negative-headlines-better-positive-0810707

6. R. Williams, «Are We Hardwired to Be Negative or Positive?», *ICF* (sitio web), 30 de junio de 2014, https://coachfederation.org/are-we-hardwired-to-be-negative-or-positive
7. R. Hanson, «Confronting the Negativity Bias», *Rick Hanson* (blog), acceso el 25 de marzo de 2018, http://www.rickhanson.net/how-your-brain-makes-you-easily-intimidated

CAPÍTULO 3. APRENDE A VER EL VASO MEDIO LLENO

1. M. Seligman, *Flourish: A Visionary New Understanding of Happiness and Well-Being* (Nueva York: Free Press, 2011).
2. S. Wong, «Always Look on the Bright Side of Life», *The Guardian*, 11 de agosto de 2009, https://www.theguardian.com/science/blog/2009/aug/11/optimism-health-heart-disease

    H. A. Tindle *et al.*, «Optimism, Cynical Hostility, and Incident Coronary Heart Disease and Mortality in the Women's Health Initiative», *Circulation* 120, n.º 8 (25 de agosto de 2009): 656-62, doi: 10.1161/CIRCULATIONAHA.108.827642

    R. Hernandez *et al.*, «Optimism and Cardiovascular Health: Multi-Ethnic Study of Atherosclerosis (MESA)», *Health Behavior and Policy Review* 2, n.º 1 (enero de 2015): 62-73, doi: 10.14485/HBPR.2.1.6
3. Mayo Clinic, «Mayo Clinic Study Finds Optimists Report a Higher Quality Of Life Than Pessimists», *ScienceDaily*, 13 de agosto de 2002, https://www.sciencedaily.com/releases/2002/08/020813071621.htm

    C. Conversano *et al.*, «Optimism and Its Impact on Mental and Physical Well-Being», *Clinical Practice and Epidemiology in Mental Health* 6 (2010): 25-29, doi: 10.2174/1745017901006010025

    Harvard Men's Health Watch, «Optimism and Your Health», *Harvard Health Publishing*, mayo de 2008, https://www.health.harvard.edu/heart-health/optimism-and-your-health

4. E. S. Kim *et al.*, «Dispositional Optimism Protects Older Adults from Stroke: The Health and Retirement Study», *Stroke* 42, n.º 10 (octubre de 2011): 2855-59, doi: 10.1161/STROKEAHA.111.613448
5. Association for Psychological Science, «Optimism Boosts the Immune System», *ScienceDaily*, 24 de marzo de 2010, www.sciencedaily.com/releases/2010/03/100323121757.htm
6. B. R. Goodin y H. W. Bulls, «Optimism and the Experience of Pain: Benefits of Seeing the Glass as Half Full», *Current Pain and Headache Reports* 17, n.º 5 (mayo de 2013): 329, doi: 10.1007/s11916-013-0329-8
7. *International Association for the Study of Lung Cancer*, «Lung Cancer Patients with Optimistic Attitudes Have Longer Survival, Study Finds», *ScienceDaily*, 8 de marzo de 2010, www.sciencedaily.com/releases/2010/03/100303131656.htm
8. *University of California, Riverside*, «Keys to Long Life? Not What You Might Expect», *ScienceDaily*, 12 de marzo de 2011, https://www.sciencedaily.com/releases/2011/03/110311153541.htm
9. V. Venkatraman *et al.*, «Sleep Deprivation Biases the Neural Mechanisms Underlying Economic Preferences», *Journal of Neuroscience* 31, n.º 10 (9 de marzo de 2011): 3712-18, doi: 10.1523/JNEUROSCI.4407-10.2011
10. A. J. Dillard *et al.*, «The Dark Side of Optimism: Unrealistic Optimism about Problems with Alcohol Predicts Subsequent Negative Event Experiences», *Personality and Social Psychology Bulletin* 35, n.º 11 (noviembre de 2009): 1540-50, doi: 10.1177/0146167209343124
11. R. Ligneul *et al.*, «Shifted Risk Preferences in Pathological Gambling», *Psychological Medicine* 43, n.º 5 (mayo de 2013): 1059-68, doi: 10.1017/S0033291712001900
12. H. Selye, *The Stress of Life* (Nueva York: McGraw-Hill, 1978), 418.

13. L. S. Redwine *et al.*, «Pilot Randomized Study of a Gratitude Journaling Intervention on Heart Rate Variability and Inflammatory Biomarkers in Patients with Stage B Heart Failure», *Psychosomatic Medicine* 78, n.º 6 (julio-agosto de 2016): 667-76, doi: 10.1097/PSY.0000000000000316
14. K. O'Leary y S. Dockray, «The Effects of Two Novel Gratitude and Mindfulness Interventions on Well-Being», *Journal of Alternative and Complementary Medicine* 21, n.º 4 (abril de 2015): 243-45, doi: 10.1089/acm.2014.0119
15. S. T. Cheng *et al.*, «Improving Mental Health in Health Care Practitioners: Randomized Controlled Trial of a Gratitude Intervention», *Journal of Consulting and Clinical Psychology* 83, n.º 1 (febrero de 2015): 177-86, doi: 10.1037/a0037895
16. E. Ramírez *et al.*, «A Program of Positive Intervention in the Elderly: Memories, Gratitude and Forgiveness», *Aging and Mental Health* 18, n.º 4 (mayo de 2014): 463-70, doi: 10.1080/13607863.2013.856858
17. J. J. Froh *et al.*, «Counting Blessings in Early Adolescents: An Experimental Study of Gratitude and Subjective Well-Being», *Journal of School Psychology* 46, n.º 2 (abril de 2008): 213-33, doi: 10.1016/j.jsp.2007.03.005
18. S. M. Toepfer *et al.*, «Letters of Gratitude: Further Evidence for Author Benefits», *Journal of Happiness Studies* 13, n.º 1 (marzo de 2012): 187-201.
19. M. E. Seligman *et al.*, «Positive Psychology Progress: Empirical Validation of Interventions», *American Psychologist* 60, n.º 5 (julio-agosto de 2005): 410-21, doi: 10.1037/0003-066X.60.5.410
20. K. Rippstein-Leuenberger *et al.*, «A Qualitative Analysis of the Three Good Things Intervention in Healthcare Workers», *BMJ Open* 7, n.º 5 (2017): e015826, doi: 10.1136/bmjopen-2017-015826

21. C. M. Karns *et al.*, «The Cultivation of Pure Altruism via Gratitude: A Functional MRI Study of Change with Gratitude Practice», *Frontiers in Human Neuroscience* 11 (diciembre de 2017): artículo 599, doi: 10.3389/fnhum.2017.00599

22. Michael Wines, «In Memoir, Barbara Bush Recalls Private Trials of a Political Life», *New York Times*, 8 de septiembre de 1994, http://www.nytimes.com/1994/09/08/us/in-memoir-barbara-bush-recalls-private-trials-of-a-political-life.html

    «Barbara Bush Says She Fought Depression in '76», *Washington Post*, 20 de mayo de 1990, https://www.washingtonpost.com/archive/politics/1990/05/20/barbara-bush-says-she-fought-depression-in-76/0ac40655-923e-448d-bfcc-aa3ea5cb88c8/?utm_term=.1bb20fdb6707

23. K. E. Buchanan y A. Bardi, «Acts of Kindness and Acts of Novelty Affect Life Satisfaction», *Journal of Social Psychology* 150, n.º 3 (mayo-junio de 2010): 235-37, doi: 10.1080/00224540903365554

24. L. B. Aknin *et al.*, «Happiness Runs in a Circular Motion: Evidence for a Positive Feedback Loop between Prosocial Spending and Happiness», *Journal of Happiness Studies* 13, n.º 2 (abril de 2012): 347-55, doi: 10.1007/s10902-011-9267-5

25. S. Q. Park *et al.*, «A Neural Link between Generosity and Happiness», *Nature Communications* 8 (2017): 159674, doi: 10.1038/ncomms15964

    S. G. Post, «Altruism, Happiness, and Health: It's Good to Be Good», *International Journal of Behavioral Medicine* 12, n.º 2 (2005): 66-77, doi: 10.1207/s15327558ijbm1202_4

    L. B. Aknin *et al.*, «Giving Leads to Happiness in Young Children», *PLoS One* 7, n.º 6 (2012): e39211, doi: 10.1371/journal.pone.0039211

CAPÍTULO 4. EL SECRETO

1. T. R. Insel, «Disruptive Insights in Psychiatry: Transforming a Clinical Discipline», *Journal of Clinical Investigation* 119, n.º 4 (1 de abril de 2009): 700-705.
2. R. Douglas Fields, «Link between Adolescent Pot Smoking and Psychosis Strengthens», *Scientific American* (sitio web), 20 de octubre de 2017, https://www.scientificamerican.com/article/link-between-adolescent-pot-smoking-and-psychosis-strengthens
3. D. G. Amen *et al.*, «Discriminative Properties of Hippocampal Hypoperfusion in Marijuana Users Compared to Healthy Controls: Implications for Marijuana Administration in Alzheimer's Dementia», *Journal of Alzheimer's Disease* 56, n.º 1 (2017): 261-73, doi: 10.3233/JAD-160833
4. M. A. Martinez *et al.*, «Neurotransmitter Changes in Rat Brain Regions Following Glyphosate Exposure», *Environmental Research* 161 (febrero de 2018): 212-19, doi: 10.1016/j.envres.2017.10.051
5. J. Cepelewisz, «A Single Concussion May Triple the Long-Term Risk of Suicide», *Scientific American* (sitio web), 8 de febrero de 2016, https://www.scientificamerican.com/article/a-single-concussion-may-triple-the-long-term-risk-of-suicide1
6. A. P. Allen y A. P. Smith, «Effects of Chewing Gum and Time-on-Task on Alertness and Attention», *Nutritional Neuroscience* 15, n.º 4 (julio de 2012): 176-85, doi: 10.1179/1476830512Y.0000000009

    C. Lee, «How Chewing Gum Can Boost Your Brain Power», *DailyMail.com*, 1 de abril de 2013, http://www.dailymail.co.uk/health/article-2302615/How-chewing-gum-boost-brain-power.html

APÉNDICE C. 25 FORMAS SIMPLES Y EFECTIVAS PARA SUPERAR LA ANSIEDAD Y LAS PREOCUPACIONES

1. R. A. Emmons y M. E. McCullough, «Counting Blessings versus Burdens: An Experimental Investigation of Gratitude and Subjective Well-Being in Daily Life», *Journal of Personality and Social Psychology* 84, n.º 2 (febrero de 2003): 377-89.

2. M. Ingall, «Chocolate Can Do Good Things for Your Heart, Skin and Brain», 22 de diciembre de 2006, *Health*, publicado en el sitio web de *CNN*, http://www.cnn.com/2006/HEALTH/12/20/health.chocolate

3. *Deutches Aertzeblatt International*, «The Healing Powers of Music: Mozart and Strauss for Treating Hypertension», 20 de junio de 2016, *ScienceDaily*, https://www.sciencedaily.com/releases/2016/06/160620112512.htm

4. E. Brodwin, «Psychologists Discover the Simplest Way to Boost Your Mood», *Business Insider*, 3 de abril de 2015, http://www.businessinsider.com/how-to-boost-your-mood-2015-4

5. K. Kimura *et al.*, «L-Theanine Reduces Psychological and Physiological Stress Responses», *Biological Psychology* 74, n.º 1 (enero de 2007): 39-45, doi: 10.1016/j.biopsycho.2006.06.006

6. M. Rudd *et al.*, «Awe Expands People's Perception of Time, Alters Decision Making, and Enhances Well-Being», *Psychological Science* 23, n.º 10 (1 de octubre de 2012): 1130-36, doi: 10.1177/0956797612438731

7. Y. Miyazaki *et al.*, «Preventive Medical Effects of Nature Therapy», *Nihon Eiseigaku Zasshi* 66, n.º 4 (septiembre de 2011): 651-56.

8. G. N. Bratman *et al.*, «Nature Experience Reduces Rumination and Subgenual Prefrontal Cortex Activation», *Proceedings of the National Academy of Sciences of the United*

States of America 112, n.º 28 (14 de julio de 2015): 8567-72, doi: 10.1073/pnas.1510459112

9. S. Slon, «7 Health Benefits of Going Barefoot Outside», *MindBodyGreen* (sitio web), 29 de marzo de 2012, http://www.mindbodygreen.com/0-4369/7-Health-Benefits-of-Going-Barefoot-Outside.html

10. L. Taruffi y S. Koelsch, «The Paradox of Music-Evoked Sadness: An Online Survey», *PLoS ONE* 9, n.º 10 (20 de octubre de 2014): e110490, doi: 10.1371/journal.pone.0110490

11. Y. H. Liu *et al*., «Effects of Music Listening on Stress, Anxiety, and Sleep Quality for Sleep-Disturbed Pregnant Women», *Women & Health* 56, n.º 3 (2016): 296-311, doi: 10.1080/03630242.2015.1088116

12. T. Bradberry, «How Complaining Rewires Your Brain for Negativity», *HuffPost* (blog), 26 de diciembre de 2016, http://www.huffingtonpost.com/dr-travis-bradberry/how-complaining-rewires-y_b_13634470.html

13. «Can You Catch Depression? Being Surrounded by Gloomy People Can Make You Prone to Illness», *DailyMail.com*, 19 de abril de 2013, http://www.dailymail.co.uk/health/article-2311523/Can-CATCH-depression-Being-surrounded-gloomy-people-make-prone-illness-say-scientists.html

14. «R. T. Howell *et al*., «Momentary Happiness: The Role of Psychological Need Satisfaction», *Journal of Happiness Studies* 12, n.º 1 (marzo de 2011): 1-15.

15. «C. Gregoire, «Older People Are Happier Than You. Why?», *The Huffington Post*, publicado en el sitio web de *CNN*, 24 de abril de 2015, http://www.cnn.com/2015/04/24/health/old-people-happy

16. «M. Mela *et al*., «The Influence of a Learning to Forgive Programme on Negative Affect among Mentally Disordered

Offenders», *Criminal Behaviour and Mental Health* 27, n.º 2 (abril de 2017): 162-75, doi: 10.1002/cbm.1991

17. «L. Bolier *et al.*, «Positive Psychology Interventions: A Meta-Analysis of Randomized Controlled Studies», *BMC Public Health* 13 (8 de febrero de 2013): 119, doi: 10.1186/1471-2458-13-119

18. «P. Bentley, «What Really Makes Us Happy? How Spending Time with Your Friends Is Better for You Than Being with Family», *DailyMail.com*, 30 de junio de 2013, http://www.dailymail.co.uk/news/article-2351870/What-really-makes-happy-How-spending-time-friends-better-family.html

19. «D. G. Blanchflower y A. J. Oswald, «Money, Sex and Happiness: An Empirical Study», *Scandinavian Journal of Economics* 106, n.º 3 (2004): 393-415, doi: 10.3386/w10499

20. «M. Purcell, «The Health Benefits of Journaling», *PsychCentral* (sitio web), consultado el 30 de abril de 2018, http://psychcentral.com/lib/the-health-benefits-of-journaling

21. «C. A. Lengacher *et al.*, «Immune Responses to Guided Imagery During Breast Cancer Treatment», *Biological Research for Nursing* 9, n.º 3 (enero de 2008): 205-14, doi: 10.1177/1099800407309374

    C. Maack y P. Nolan, «The Effects of Guided Imagery and Music Therapy on Reported Change in Normal Adults», *Journal of Music Therapy* 36, n.º 1 (1 de marzo de 1999): 39-55.

    Y. Y. Tang *et al.*, «Improving Executive Function and Its Neurobiological Mechanisms through a Mindfulness-Based Intervention: Advances within the Field of Developmental Neuroscience», *Child Development Perspectives* 6, n.º 4 (diciembre de 2012): 361-66, doi: 10.1111/j.1750-8606.2012.00250.x

APÉNDICE D. NUTRACÉUTICOS QUE AYUDAN A ALIVIAR LAS PREOCUPACIONES Y LA ANSIEDAD

1. A. Pariente *et al.*, «The Benzodiazepine-Dementia Disorders Link: Current State of Knowledge», *CNS Drugs* 30, n.º 1 (enero de 2016): 1-7, doi: 10.1007/s40263-015-0305-4

   H. Taipale *et al.*, «Use of Benzodiazepines and Related Drugs Is Associated with a Risk of Stroke among Persons with Alzheimer's Disease», *International Clinical Psychopharmacology* 32, n.º 3 (mayo de 2017): 135-41, doi: 10.1097/YIC.0000000000000161

2. J. Anjom-Shoae *et al.*, «The Association between Dietary Intake of Magnesium and Psychiatric Disorders among Iranian Adults: A Cross-Sectional Study», *British Journal of Nutrition* 120, n.º 6 (septiembre de 2018): 693-702.

3. A. W. Yuen y J. Sander, «Can Magnesium Supplementation Reduce Seizures in People with Epilepsy? A Hypothesis», *Epilepsy Research* 100, núms. 1-2 (junio de 2012): 152-56.

4. E. Pouteau *et al.*, «Superiority of Magnesium and Vitamin B6 over Magnesium Alone on Severe Stress in Healthy Adults with Low Magnesemia: A Randomized, Single-Blind Clinical Trial», *PLOS One* 13, n.º 12 (18 de diciembre de 2018): e0208454.

5. A. E. Kirkland, G. L. Sarlo y K. F. Holton, «The Role of Magnesium in Neurological Disorders», *Nutrients* 10, n.º 6 (6 de junio de 2018): e730.

   E. K. Tarleton *et al.*, «Role of Magnesium Supplementation in the Treatment of Depression: A Randomized Clinical Trial», *PLOS One* 12, n.º 6 (27 de junio de 2017): e0180067.

6. E. Boonstra *et al.*, «Neurotransmitters as Food Supplements: The Effects of GABA on Brain and Behavior», *Frontiers in Psychology* 6 (2015): 1520.

7. A. M. Abdou *et al.*, «Relaxation and Immunity Enhancement Effects of Gamma-Aminobutyric Acid (GABA)

Administration in Humans», *BioFactors* 26, n.º 3 (2006): 201-8.
8. «Saffron», *Examine.com*, consultado el 16 de abril de 2018, https://examine.com/supplements/saffron/
   A. L. Lopresti y P. D. Drummond, «Saffron (*Crocus sativus*) for Depression: A Systematic Review of Clinical Studies and Examination of Underlying Antidepressant Mechanisms of Action», *Human Psychopharmacology* 29, n.º 6 (noviembre de 2014): 517-27, doi: 10.1002/hup.2434
9. M. Tsolaki *et al.*, «Efficacy and Safety of *Crocus sativus* L. in Patients with Mild Cognitive Impairment», *Journal of Alzheimer's Disease* 54, n.º 1 (27 de julio de 2016): 129-33, doi: 10.3233/JAD-160304
10. L. Kashani *et al.*, «Saffron for Treatment of Fluoxetine-Induced Sexual Dysfunction in Women: Randomized Double-Blind Placebo-Controlled Study», *Human Psychopharmacology* 28, n.º 1 (enero de 2013): 54-60, doi: 10.1002/hup.2282
11. M. Agha-Hosseini *et al.*, «*Crocus sativus* L. (Saffron) in the Treatment of Premenstrual Syndrome: A Double-Blind, Randomised and Placebo-Controlled Trial», *BJOG* 115, n.º 4 (marzo de 2008): 515-19, doi: 10.1111/j.1471-0528.2007.01652.x
12. M. N. Shahi *et al.*, «The Impact of Saffron on Symptoms of Withdrawal Syndrome in Patients Undergoing Maintenance Treatment for Opioid Addiction in Sabzevar Parish in 2017», *Advances in Medicine* 2017 (2017): Artículo ID 1079132, doi: 10.1155/2017/1079132
13. P. Jangid *et al.*, «Comparative Study of Efficacy of L-Hydroxytryptophan and Fluoxetine in Patients Presenting with First Depressive Episode», *Asian Journal of Psychiatry* 6, n.º 1 (febrero de 2013): 29-34, doi: 10.1016/j.ajp.2012.05.011

J. Angst *et al.*, «The Treatment of Depression with L-5-Hydroxytryptophan versus Imipramine. Results of Two Open and One Double-Blind Study», *Archiv für Psychiatrie und Nervenkrankheiten* 224, n.º 2 (11 de octubre de 1977): 175-86.

14. «5-HTP», *Examine.com*, consultado el 16 de abril de 2018, https://examine.com/supplements/5-htp

15. Y. Steinbuch, «90 Percent of Americans Eat Garbage», *New York Post*, 17 de noviembre de 2017, https://nypost.com/2017/11/17/90-of-americans-eat-like-garbage/

    «Only 1 in 10 Adults Get Enough Fruits or Vegetables», *CDC website*, 16 de noviembre de 2017, https://www.cdc.gov/media/releases/2017/p1116-fruit-vegetable-consumption.html

16. R. H. Fletcher y K. M. Fairfield, «Vitamins for Chronic Disease Prevention in Adults: Clinical Applications», *JAMA* 287, n.º 23 (19 de junio de 2002): 3127-29.

17. C. W. Popper, «Single-Micronutrient and Broad-Spectrum Micronutrient Approaches for Treating Mood Disorders in Youth and Adults», *Child and Adolescent Psychiatric Clinics of North America* 23, n.º 3 (julio de 2014): 591-672, doi: 10.1016/j.chc.2014.04.001

18. J. J. Rucklidge *et al.*, «Vitamin-Mineral Treatment of Attention-Deficit Hyperactivity Disorder in Adults: Double-Blind Randomised Placebo-Controlled Trial», *British Journal of Psychiatry* 204 (2014): 306-15, doi: 10.1192/bjp.bp.113.132126

19. J. J. Rucklidge y B. J. Kaplan, «Broad-Spectrum Micronutrient Formulas for the Treatment of Psychiatric Symptoms: A Systematic Review», *Expert Review of Neurotherapeutics* 13, n.º 1 (enero de 2013): 49-73, doi: 10.1586/ern.12.143

20. S. J. Schoenthaler y I. D. Bier, «The Effect of Vitamin-Mineral Supplementation on Juvenile Delinquency among American Schoolchildren: A Randomized, Double-Blind Placebo-Controlled Trial», *Journal of Alternative and Complementary Medicine* 6, n.º 1 (febrero de 2000): 7-17, doi: 10.1089/act.2000.6.7
21. J. J. Rucklidge *et al.*, «Shaken but Unstirred? Effects of Micronutrients on Stress and Trauma after an Earthquake: RCT Evidence Comparing Formulas and Doses», *Human Psychopharmacology* 27, n.º 5 (septiembre de 2012): 440-54, doi: 10.1002/hup.2246
22. B. J. Kaplan *et al.*, «A Randomised Trial of Nutrient Supplements to Minimise Psychological Stress after a Natural Disaster», *Psychiatry Research* 228, n.º 3 (30 de agosto de 2015): 373-79, doi: 10.1016/j.psychres.2015.05.080
23. D. O. Kennedy *et al.*, «Effects of High-Dose B Vitamin Complex with Vitamin C and Minerals on Subjective Mood and Performance in Healthy Males», *Psychopharmacology* 211, n.º 1 (julio de 2010): 55-68, doi: 10.1007/s00213-010-1870-3
24. C. Haskell *et al.*, «Cognitive and Mood Effects in Healthy Children during 12 Weeks' Supplementation with Multi-Vitamin/Minerals», *British Journal of Nutrition* 100, n.º 5 (noviembre de 2008): 1086-96, doi: 10.1017/S0007114508959213
25. «Smoking, High Blood Pressure and Being Overweight Top Three Preventable Causes of Death in the U.S.», *Harvard T. H. Chan School of Public Health website*, 27 de abril de 2009, https://www.hsph.harvard.edu/news/press-releases/smoking-high-blood-pressure-overweight-preventable-causes-death-us
26. T. A. Mori y L. J. Beilin, «Omega-3 Fatty Acids and Inflammation», *Current Atherosclerosis Reports* 6, n.º 6 (noviembre de 2004): 461-67.

D. Moertl *et al.*, «Dose-Dependent Effects of Omega-3-Polyunsaturated Fatty Acids on Systolic Left Ventricular Function, Endothelial Function, and Markers of Inflammation in Chronic Heart Failure of Nonischemic Origin: A Double-Blind, Placebo-Controlled, 3-Arm Study», *American Heart Journal* 161, n.º 5 (mayo de 2011): 915.e1-9, doi: 10.1016/j.ahj.2011.02.011

J. G. Devassy *et al.*, «Omega-3 Polyunsaturated Fatty Acids and Oxylipins in Neuroinflammation and Management of Alzheimer Disease», *Advances in Nutrition* 7, n.º 5 (15 de septiembre de 2016): 905–16, doi: 10.3945/an.116.012187

27. C. von Schacky, «The Omega-3 Index as a Risk Factor for Cardiovascular Diseases», *Prostaglandins and Other Lipid Mediators* 96, núms. 1–4 (noviembre de 2011): 94–98, doi: 10.1016/j.prostaglandins.2011.06.008

S. P. Whelton *et al.*, «Meta-Analysis of Observational Studies on Fish Intake and Coronary Heart Disease», *American Journal of Cardiology* 93, n.º 9 (1 de mayo de 2004): 1119–23, doi: 10.1016/j.amjcard.2004.01.038

28. E. Messamore *et al.*, «Polyunsaturated Fatty Acids and Recurrent Mood Disorders: Phenomenology, Mechanisms, and Clinical Application», *Progress in Lipid Research* 66 (abril de 2017): 1–13, doi: 10.1016/j.plipres.2017.01.001;

J. Sarris *et al.*, «Omega-3 for Bipolar Disorder: Meta-Analyses of Use in Mania and Bipolar Depression», *Journal of Clinical Psychiatry* 73, n.º 1 (enero de 2012): 81–86, doi: 10.4088/JCP.10r06710

R. J. Mocking *et al.*, «Meta-Analysis and Meta-Regression of Omega-3 Polyunsaturated Fatty Acid Supplementation for Major Depressive Disorder», *Translational Psychiatry* 6 (15 de marzo de 2016): e756, doi:10.1038/tp.2016.2

29. J. R. Hibbeln y R. V. Gow, «The Potential for Military Diets to Reduce Depression, Suicide, and Impulsive Aggression: A

Review of Current Evidence for Omega-3 and Omega-6 Fatty Acids», *Military Medicine* 179, suplemento 11 (noviembre de 2014): 117–28, doi: 10.7205/MILMED-D-14-00153

M. Huan *et al.*, «Suicide Attempt and n-3 Fatty Acid Levels in Red Blood Cells: A Case Control Study in China», *Biological Psychiatry* 56, n.º 7 (1 de octubre de 2004): 490–96, doi: 10.1016/j.biopsych.2004.06.028

M. E. Sublette *et al.*, «Omega-3 Polyunsaturated Essential Fatty Acid Status as a Predictor of Future Suicide Risk», *American Journal of Psychiatry* 163, n.º 6 (junio de 2006): 1100–2, doi: 10.1176/ajp.2006.163.6.1100

M. D. Lewis *et al.*, «Suicide Deaths of Active-Duty US Military and Omega-3 Fatty-Acid Status: A Case-Control Comparison», *Journal of Clinical Psychiatry* 72, n.º 12 (diciembre de 2011): 1585–90, doi: 10.4088/JCP.11m06879

30. C. M. Milte *et al.*, «Increased Erythrocyte Eicosapentaenoic Acid and Docosahexaenoic Acid Are Associated with Improved Attention and Behavior in Children with ADHD in a Randomized Controlled Three-Way Crossover Trial», *Journal of Attention Disorders* 19, n.º 11 (noviembre de 2015): 954–64, doi: 10.1177/1087054713510562

M. H. Bloch y A. Qawasmi, «Omega-3 Fatty Acid Supplementation for the Treatment of Children with Attention-Deficit/Hyperactivity Disorder Symptomatology: Systematic Review and Meta-Analysis», *Journal of the American Academy of Child and Adolescent Psychiatry* 50, n.º 10 (octubre de 2011): 991–1000, doi: 10.1016/j.jaac.2011.06.008

31. Y. Zhang *et al.*, «Intakes of Fish and Polyunsaturated Fatty Acids and Mild-to-Severe Cognitive Impairment Risks: A Dose-Response Meta-Analysis of 21 Cohort Studies», *American Journal of Clinical Nutrition* 103, n.º 2 (febrero de 2016): 330–40, doi: 10.3945/ajcn.115.124081

T. A. D'Ascoli *et al.*, «Association between Serum Long-Chain Omega-3 Polyunsaturated Fatty Acids and Cognitive Performance in Elderly Men and Women: The Kuopio Ischaemic Heart Disease Risk Factor Study», *European Journal of Clinical Nutrition* 70, n.º 8 (agosto de 2016): 970–75, doi: 10.1038/ejcn.2016.59

K. Lukaschek *et al.*, «Cognitive Impairment Is Associated with a Low Omega-3 Index in the Elderly: Results from the KORA-Age Study», *Dementia and Geriatric Cognitive Disorders* 42, núms. 3–4 (2016): 236–45, doi: 10.1159/000448805

32. C. Couet *et al.*, «Effect of Dietary Fish Oil on Body Fat Mass and Basal Fat Oxidation in Healthy Adults», *International Journal of Obesity and Related Metabolic Disorders* 21, n.º 8 (agosto de 1997): 637–43.

    J. D. Buckley y P. R. Howe, «Anti-Obesity Effects of Long-Chain Omega-3 Polyunsaturated Fatty Acids», *Obesity Reviews* 10, n.º 6 (noviembre de 2009): 648–59, doi: 10.1111/j.1467-789X.2009.00584.x

33. D. G. Amen *et al.*, «Quantitative Erythrocyte Omega-3 EPA Plus DHA Are Related to Higher Regional Cerebral Blood Flow on Brain SPECT», *Journal of Alzheimer's Disease* 58, n.º 4 (2017): 1189–99, doi: 10.3233/JAD-170281

SOBRE EL DOCTOR DANIEL G. AMEN

EL WASHINGTON POST HA CALIFICADO AL doctor Amen como el psiquiatra más popular de Estados Unidos, y Sharecare lo nombró el experto y defensor de la salud mental más influyente de internet.

El doctor Amen es médico, psiquiatra infantil y de adultos colegiado, investigador galardonado y autor de doce bestsellers de la lista del *New York Times*. Es fundador y director general de las Clínicas Amen de Costa Mesa, Walnut Creek y Encino, California; Bellevue, Washington; Washington, D. C.; Atlanta, Georgia; Chicago, Illinois; Dallas, Texas; Nueva York, NY; y Hollywood, Florida. Las Clínicas Amen cuentan con la mayor base de datos del mundo de escáneres cerebrales funcionales relacionados con el comportamiento, con más de 200.000 escáneres

SPECT y más de 10.000 qEEG en pacientes de más de 155 países.

El doctor Amen es el investigador jefe del mayor estudio del mundo sobre imágenes cerebrales y rehabilitación de jugadores profesionales de fútbol americano. Su trabajo no solo ha puesto de manifiesto los altos niveles de daño cerebral en estos jugadores, sino también la posibilidad de una recuperación significativa para muchos de ellos, gracias a los principios en los que se basa su trabajo.

Por otra parte, junto con el pastor Rick Warren y el doctor Mark Hyman, el doctor Amen es también uno de los principales diseñadores del Plan Daniel, un programa para sanar al mundo a través de organizaciones religiosas que se ha puesto en marcha en miles de iglesias, mezquitas y sinagogas.

El doctor Amen es además autor y coautor de más de 70 artículos científicos, 7 capítulos de libros y más de 30 libros, entre los que figuran los bestsellers del *New York Times: El Plan Daniel, Cambia tu cerebro, cambia tu vida, The End of Mental Illness, Healing ADD, Cambia tu cerebro, cambia tu cuerpo, The Brain Warrior's Way, Memory Rescue, Your Brain is Always Listening* y *Sé más feliz.*

Los artículos científicos del doctor Amen se han publicado en las prestigiosas revistas *Journal of Alzheimer's Disease*; *Molecular Psychiatry,* de *Nature*; *PLOS ONE*;

Translational Psychiatry, de *Nature*; *Obesity*, de *Nature*; *Journal of Neuropsychiatry and Clinical Neuroscience*; *Minerva Psichiatrica*; *Journal of Neurotrauma*; *American Journal of Psychiatry*; *Nuclear Medicine Communications*; *Neurological Research*; *Journal of the American Academy of Child and Adolescent Psychiatry*; *Primary Psychiatry*; *Military Medicine*, y *General Hospital Psychiatry*.

El doctor Amen también ha elaborado el guion, producido y presentado 17 programas para la televisión pública estadounidense sobre salud cerebral, que se han emitido más de 140.000 veces en toda Norteamérica. Hasta marzo de 2023, su último programa es *Change Your Brain Every Day*. Ha aparecido en películas como *Quiet Explosions*, *After the Last Round* y *The Crash Reel*, y fue asesor de *La verdad duele*, protagonizada por Will Smith. Apareció también en la docuserie *Justin Bieber: Seasons*, y lo hace de forma regular en *The Dr. Oz Show*, *Dr. Phil* y *The Doctors*. También ha dado conferencias para la Agencia de Seguridad Nacional de Estados Unidos (NSA), la National Science Foundation (NSF), el congreso *Learning and the Brain*, de Harvard, el Departamento de Interior, el Consejo Nacional de Jueces de Tribunales de Menores y de Familia, los Tribunales Supremos de Ohio, Delaware y Wyoming, las sociedades canadiense y brasileña de medicina nuclear y grandes empresas como Merrill Lynch,

Hitachi, Bayer Pharmaceuticals, GNC y muchas otras. En 2016, el doctor Amen dio una de las prestigiosas charlas de Talks at Google. Su trabajo ha aparecido en *Newsweek*, *Time*, *The Huffington Post*, *ABC World News*, *20/20*, la *BBC*, *London Telegraph*, la revista *Parade*, el *New York Times*, la *New York Times Magazine*, *The Washington Post*, *MIT Technology*, el Fórum Económico Mundial, *Los Angeles Times*, *Men's Health*, *Bottom Line*, *Vogue*, *Cosmopolitan* y muchos otros medios y publicaciones.

Daniel Amen está casado con Tana, es padre de cuatro hijos y abuelo de Elias, Emmy, Liam, Louie y Haven. También es un ávido jugador de tenis de mesa.

SÉ MÁS FELIZ de DANIEL G. AMEN

El Dr. Daniel Amen revela en *Sé más feliz* siete secretos neurocientíficos para aumentar tu felicidad en solo 30 días. Basado en más de 200.000 escáneres cerebrales, identifica cinco tipos de cerebro y ofrece estrategias personalizadas y prácticas para mejorar el bienestar emocional, tomar mejores decisiones y vivir con propósito, claridad y equilibrio duradero.

MEJORA TU CEREBRO CADA DÍA de DANIEL G. AMEN

366 prácticas diarias para mejorar tu cerebro, tu mente y tu vida. Daniel G. Amen, psiquiatra y neurocientífico con más de 40 años de experiencia, comparte hábitos diarios para mejorar el cerebro, potenciar la memoria y aumentar la felicidad. Estos hábitos promueven la gestión de la mente, la superación del estrés, la búsqueda de propósito y el aprendizaje para una vida saludable y exitosa.

CÓMO CRIAR HIJOS CON FORTALEZA MENTAL de DANIEL AMEN

El Dr. Daniel Amen y el Dr. Charles Fay fusionan neurociencia, amor y lógica en este innovador libro sobre crianza. Proporcionan herramientas prácticas para abordar problemas de comportamiento, ayudando a los niños a ser responsables, resilientes y capaces de tomar buenas decisiones. Los padres aprenderán a fomentar la salud mental y el potencial de sus hijos.

NUTRIVORE de SARAH BALLANTYNE

Nutrivore, de la Dra. Sarah Ballantyne, es la guía definitiva para comer mejor sin hacer dietas restrictivas. Descubre cómo llenar tu plato de alimentos ricos en nutrientes, sin contar calorías ni renunciar al placer de comer. Con consejos prácticos, efectivos y basados en ciencia, mejorarás tu salud, tendrás más energía y disfrutarás cuidándote sin complicaciones ni estrés.

LAS LEYES DIARIAS de ROBERT GREENE

Durante 25 años, Robert Greene ha ofrecido lecciones sobre aspectos humanos como el poder, la seducción, la estrategia y la psicología. *Las leyes diarias* recopila su sabiduría en 366 meditaciones, una para cada día del año, que abarcan temas como el liderazgo, la adversidad y la productividad, entre otros. Ryan Holiday se inspiró en este libro para escribir su bestseller *Diario para estoicos*.

INTELIGENCIA EMOCIONAL, 3ª EDICIÓN de HARVARD

La nueva edición revisada y ampliada, con información actualizada por Daniel Goleman y otros investigadores, ofrece herramientas para mejorar el bienestar y la satisfacción personal a través de la gestión emocional. Con un nuevo capítulo sobre el manejo del estrés y las conexiones emocionales en el trabajo, aprenderás a gestionar tus emociones y mejorar tus relaciones.

LAS LEYES DE LA NATURALEZA HUMANA de ROBERT GREENE

Las leyes de la naturaleza humana, de Robert Greene, es una obra fascinante que explora los impulsos y motivaciones ocultas detrás de las acciones humanas. Basado en ejemplos históricos de figuras como Pericles y Martin Luther King Jr., Greene nos enseña a gestionar nuestras emociones, desarrollar empatía, y entender las verdaderas intenciones de las personas, claves para el éxito personal y profesional.

CAMBIA TUS PREGUNTAS, CAMBIA TU VIDA de MARILEE ADAMS

Cambia tus preguntas, cambia tu vida, de Marilee Adams, es una guía transformadora que te enseña a cambiar tu forma de pensar y afrontar los desafíos. A través de la metodología de "preguntas de aprendizaje", aprenderás a mejorar tus relaciones y tomar decisiones más efectivas, logrando así un crecimiento personal y profesional que te acercará a tus objetivos y metas.

TU MEJOR VERSIÓN EN 12 SEMANAS de SANJAY GUPTA

Una guía transformadora con un enfoque paso a paso para cambiar hábitos arraigados y mejorar nuestra calidad de vida. Al seguir estos consejos, podremos reducir la ansiedad, mejorar el sueño y aumentar la energía, la claridad mental y la resistencia al estrés. Esta guía esencial nos permite adoptar comportamientos saludables y experimentar una transformación en solo 12 semanas.

DIARIO PARA ESTOICOS de RYAN HOLIDAY

Una guía fascinante para transmitir la sabiduría estoica a una nueva generación de lectores y mejorar nuestra calidad de vida. Su Agenda es un complemento perfecto para una reflexión más profunda sobre el estoicismo, así como indicaciones diarias y herramientas estoicas de autogestión.

Disponibles también en formato **e-book**.

Solicita más información en revertemanagement@reverte.com
www.revertemanagement.com
@revertemanagement

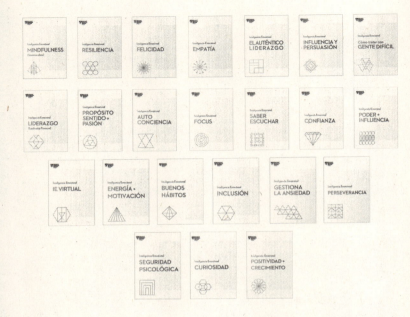

Serie Inteligencia Emocional
Harvard Business Review

Esta colección ofrece una serie de textos cuidadosamente eleccionados sobre los aspectos humanos de la vida profesional. Mediante investigaciones contrastadas, cada libro muestra cómo las emociones influyen en nuestra vida laboral y proporciona consejos prácticos para gestionar equipos humanos y situaciones conflictivas. Estas lecturas, estimulantes y prácticas, ayudan a conseguir el bienestar emocional en el trabajo.

Con la garantía de **Harvard Business Review**

Participan investigadores de la talla de
Daniel Goleman, Annie McKee y **Dan Gilbert**, entre otros

Disponibles también en formato **e-book**

Solicita más información en revertemanagement@reverte.com
www.revertemanagement.com
@revertemanagement

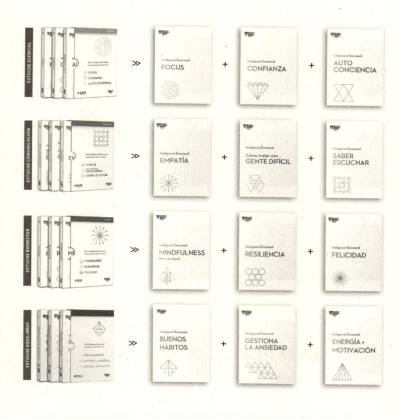

Estuches Serie Inteligencia Emocional
Harvard Business Review

Con la garantía de **Harvard Business Review**

Participan investigadores de la talla de
Daniel Goleman, Annie McKee y **Dan Gilbert**, entre otros

Disponibles también en formato **e-book**

Solicita más información en revertemanagement@reverte.com

www.revertemanagement.com

@revertemanagement

Gracias

REM*life*